說文解字第八上　漢太尉祭酒許愼記

銀青光祿大夫守右散騎常侍上柱國東海縣開國子食邑五百戶臣徐鉉等奉

敕校定

三十七部　六百一十一文　重六十三

凡八千五百三十九字　文三十五新附

人 天地之性最貴者也此籒文象臂脛之形凡人之屬皆从人　如鄰切

僮 未冠也从人童聲　徒紅切

保 養也从人从𤓽省𤓽古文孚　博裒切

𠈃 古文保

㑅 古文保不省

仁 親也从人从二　臣鉉等曰仁者兼愛故从二　如鄰切

忎 古文仁从千心

𡰥 古文仁或从尸

企 舉踵也从人止聲　去智切

𧿒 古文企从足

仞 伸臂一尋八尺从人刃聲　而震切

仕 學也从人从士　鉏里切

佼 交也从人从交　从交下巧切

僎 具也从人巽聲　士勉切

俅 冠飾皃从人求聲詩曰弁服俅俅　巨鳩切

佩 大帶佩也从人从凡从巾佩必有巾巾謂之飾　臣鉉等曰今俗別作珮非是　蒲妹切

儒 柔也術士之偁从人需聲　人朱切

俊 材千人也从人夋聲　子峻切

傑 傲也从人桀聲　渠列切

⿰亻軍 人姓从人軍聲　吾昆切

伋 人名从人及聲　居立切

伉 人名从人亢聲論語有陳伉　苦浪切

伯 長也从人白聲　博陌切

仲 中也从人从中中亦聲　直衆切

伊 殷聖人阿衡尹治天下者从人从尹　於脂切

⿰古文死 古文伊从古文死

偰 高辛氏之子堯司徒殷之先从人契聲　私列切

倩 人字从人青聲東齊壻謂之倩　倉見切

伃 婦官也从人予聲　以諸切

伀 志及衆也从人公聲　職茸切

儇 慧也从人瞏聲　許緣切

倓 安也从人炎聲讀若談　徒甘切

𠉤 倓或从剡

侚 疾也从人旬聲　辭閏切

傛 不安也从人容聲一曰華　余隴切

僷 宋衞之間謂華僷僷从人葉聲　与涉切

佳 善也从人圭聲　古膎切

侅 奇侅非常也从人亥聲　古哀切

傀 偉也从人鬼聲周禮曰大傀異　公回切

瓌 傀或从玉褱聲

偉 奇也从人韋聲　于鬼切

份 文質僃也从人分聲論語曰文質份份　府巾切

彬 古文份从彡林林者从焚省聲　臣鉉等曰今俗作斌非是

[illegible]

三十一部　六百七十二文　重六十二

[illegible]

僚好皃从人尞聲力小切佖威儀也从人必聲詩曰威儀佖佖毗必切僝具也从人孨聲讀若汝南潺水虞書曰
旁救僝功士戀切儠長壯儠儠也从人巤聲春秋傳曰長儠者相之良涉切儦行皃从人麃聲詩曰行人儦儦甫嬌
切儺行人節也从人難聲詩曰佩玉之儺諾何切倭順皃从人委聲詩曰周道倭遟於爲切僓嫺也从人貴聲一曰長皃吐猥
切又魚罪切僑高也从人喬聲巨嬌切俟大也从人矣聲詩曰伾伾俟俟牀史切侗大皃从人同聲詩曰神罔時侗他紅切
佶正也从人吉聲詩曰既佶且閑巨乙切俁大也从人吳聲詩曰碩人俁俁魚禹切仜大腹也从人工聲讀若紅戶工切僤
疾也从人單聲周禮曰句兵欲無僤徒案切健伉也从人建聲渠建切倞彊也从人京聲渠竟切傲倨也从人敖聲五到切
仡勇壯也从人气聲周書曰仡仡勇夫魚訖切倨不遜也从人居聲居御切儼昂頭也从人嚴聲一曰好皃魚儉切
傪好皃从人參聲倉含切俚聊也从人里聲良止切伴大皃从人半聲薄滿切俺大也从人奄聲
於業切僩武皃从人閒聲詩曰瑟兮僩兮下簡切伾有力也从人丕聲詩曰以車伾伾敷悲切偲彊力也从
人思聲詩曰其人美且偲倉才切倬箸大也从人卓聲詩曰倬彼雲漢竹角切侹長皃一曰箸地一曰代也从人廷聲

他鼎切倗輔也从人朋聲讀若陪位步崩切傓熾盛也从人扇聲詩曰豔妻傓方處式戰切儆戒也从人
敬聲春秋傳曰儆宮居影切俶善也从人叔聲詩曰令終有俶一曰始也昌六切傭均直也从人庸聲余封切
僾仿佛也从人愛聲詩曰僾而不見烏代切仿相似也从人方聲妃罔切㑂籀文仿从丙佛見不
審也从人弗聲敷勿切僁聲也从人悉聲讀若屑私列切僟精謹也从人幾聲明堂月令數將僟終巨衣切佗
負何也从人它聲臣鉉等案史記匈奴奇畜有橐佗今俗譌誤謂之駱駝非是徒何切何儋也从人可聲臣鉉等曰儋何卽負
何也借爲誰何之何今俗別作擔荷非是胡歌切儋何也从人詹聲都甘切供設也从人共聲一曰供給俱容切偫待也从人从待
直里切儲偫也从人諸聲直魚切備愼也从人𤰈聲平祕切𠈿古文備位列中庭之左右謂之位从人立于備切
儐導也从人賓聲必刃切擯儐或从手偓佺也从人屋聲於角切佺偓佺仙人也从人全聲此緣切𠑋
心服也从人聶聲齒涉切仢約也从人勺聲徒歷切儕等輩也从人齊聲春秋傳曰吾儕小人仕皆切倫輩也从人
侖聲一曰道也力屯切侔齊等也从人牟聲莫浮切偕彊也从人皆聲詩曰偕偕士子一曰俱也古諧切俱偕也

[illegible]

从人具聲。舉朱切。儹 最也。从人贊聲。作管切。併 並也。从人幷聲。卑正切。傅 相也。从人尃聲。方遇切。侙 惕也。从人式聲。春秋國語曰：於其心侙然。恥力切。俌 輔也。从人甫聲。讀若撫。芳武切。倚 依也。从人奇聲。於綺切。依 倚也。从人衣聲。於稀切。仍 因也。从人乃聲。如乘切。佽 便利也。从人次聲。詩曰：決拾既佽。一曰遞也。七四切。佴 佽也。从人耳聲。仍吏切。倢 佽也。从人疌聲。子葉切。侍 承也。从人寺聲。時吏切。傾 仄也。从人从頃，頃亦聲。去營切。側 旁也。从人則聲。阻力切。侒 宴也。从人安聲。烏寒切。侐 靜也。从人血聲。詩曰：閟宮有侐。況逼切。付 与也。从寸持物對人。臣鉉等曰：寸，手也。方遇切。俜 使也。从人甹聲。普丁切。俠 俜也。从人夾聲。胡頰切。儃 儃何也。从人亶聲。徒干切。侁 行皃。从人先聲。所臻切。仰 舉也。从人从卬。魚兩切。㑙 立也。从人豆聲。讀若樹。常句切。儽 垂皃。从人纍聲。一曰嬾解。落猥切。侳 安也。从人坐聲。則臥切。偁 揚也。从人爯聲。處陵切。伍 相參伍也。从人从五。疑古切。什 相什保也。从人十。是執切。佰 相什伯也。从人百。博陌切。佸 會也。从人𠯑聲。詩曰：曷其有佸。一曰佸佸，力皃。古活切。佮 合也。从人合聲。古沓切。𢼸 妙也。从人从攴，豈省聲。臣鉉等案：豈字从𢼸省。𢼸不應从豈省。蓋傳寫之誤，疑从耑省。耑，物初生之

題也。尚微也。無非切。傆 黠也。从人原聲。魚怨切。作 起也。从人从乍。則洛切。假 非真也。从人叚聲。古疋切。一曰至也。虞書曰：假于上下。古頟切。借 假也。从人昔聲。資昔切。侵 漸進也。从人又持帚，若埽之進。又，手也。七林切。儥 賣也。从人賣聲。余六切。候 伺望也。从人侯聲。胡遘切。償 還也。从人賞聲。食章切。僅 材能也。从人堇聲。渠吝切。代 更也。从人弋聲。臣鉉等曰：弋非聲。說文忒字與此義訓同，疑兼有忒音。徒耐切。儀 度也。从人義聲。魚羈切。㑅 近也。从人旁聲。步光切。佀 象也。从人㠯聲。詳里切。便 安也。人有不便，更之。从人更。房連切。任 符也。从人壬聲。如林切。俔 譬諭也。一曰閒見。从人从見。詩曰：俔天之妹。苦甸切。優 饒也。从人憂聲。一曰倡也。於求切。僖 樂也。从人喜聲。許其切。偆 富也。从人春聲。尺允切。俒 完也。逸周書曰：朕實不明，以俒伯父。从人从完。胡困切。儉 約也。从人僉聲。巨險切。偭 鄉也。从人面聲。少儀曰：尊壺者偭其鼻。彌箭切。俗 習也。从人谷聲。似足切。俾 益也。从人卑聲。一曰俾，門侍人。并弭切。倪 俾也。从人兒聲。五雞切。億 安也。从人意聲。於力切。使 伶也。从人吏聲。疏士切。㑊 㑊左右兩視。从人癸聲。其季切。伶 弄也。从人令聲。益州有建伶縣。郎丁切。儷 棽儷也。从人麗聲。呂支切。傳 遽也。从人專聲。直戀切。倌 小臣也。从人从官。詩曰：命彼倌人。古患切。价 善也。从人介聲。

[illegible]

詩曰：价人惟藩。古拜切
仔　克也。从人子聲。子之切
㑺　送也。从人灷聲。呂不韋曰：有侁氏以伊尹㑺女。古文以爲訓字。臣鉉等曰：灷不成字，當从朕省。案：勝字从朕聲，疑古者朕或音㑺。以證切
徐　緩也。从人余聲。似魚切
偋　僻窶也。从人屛聲。防正切
伸　屈伸。从人申聲。失人切
伹　拙也。从人且聲。似魚切
㒓　意膬也。从人然聲。臣鉉等曰：膬，耎易破也。人善切
偄　弱也。从人从耎。奴亂切
倍　反也。从人咅聲。薄亥切
傿　引爲賈也。从人焉聲。於建切
僭　假也。从人朁聲。子念切
儗　僭也。一曰相疑。从人从疑。魚已切
偏　頗也。从人扁聲。芳連切
倀　狂也。从人長聲。一曰仆也。楮羊切
儚　惽也。从人薨聲。呼肱切
儔　翳也。从人壽聲。直由切
侜　有廱蔽也。从人舟聲。詩曰：誰侜予美。張流切
俴　淺也。从人戔聲。慈衍切
佃　中也。从人田聲。春秋傳曰：乘中佃。一轅車。堂練切
㐰　小皃。从人囟聲。詩曰：㐰㐰彼有屋。斯氏切
侊　小皃。从人光聲。春秋國語曰：侊飯不及一食。古橫切
佻　愉也。从人兆聲。詩曰：視民不佻。土彫切
僻　避也。从人辟聲。詩曰：宛如左僻。一曰从旁牽也。普擊切
伭　很也。从人弦省聲。胡田切
伎　與也。从人支聲。詩曰：籊人伎忒。渠綺切
侈　掩脅也。从人多聲。一曰奢也。尺氏切
佁　癡皃。从人台聲。讀若騃。夷在切
⿰亻蚤　⿰亻蚤驕也。从人蚤聲。穌遭切
僞　詐也。从人爲聲。危睡切
伿　惰也。从人只聲。以豉切

佝　務也。从人句聲。苦候切
僄　輕也。从人㶪聲。匹妙切
倡　樂也。从人昌聲。尺亮切
俳　戲也。从人非聲。步皆切
僐　作姿也。从人善聲。常演切
儳　儳互不齊也。从人毚聲。士咸切
佚　佚民也。从人失聲。一曰佚，忽也。夷質切
俄　行頃也。从人我聲。詩曰：仄弁之俄。五何切
傜　喜也。从人䍃聲。自關以西，物大小不同謂之傜。余招切
㑭　徼㑭受屈也。从人卻聲。其虐切
傞　醉舞皃。从人差聲。詩曰：屢舞傞傞。素何切
僛　醉舞皃。从人欺聲。詩曰：屢舞僛僛。去其切
侮　傷也。从人每聲。文甫切
𠈏　古文从母。
㑵　姡也。从人疾聲。一曰毒也。秦悉切
嫉　㑵或从女。
⿰亻易　輕也。从人易聲。一曰交傷。以豉切
俙　訟面相是。从人希聲。喜皆切
僨　僵也。从人賁聲。匹問切
僵　僨也。从人畺聲。居良切
仆　頓也。从人卜聲。芳遇切
偃　僵也。从人匽聲。於幰切
傷　創也。从人，𥏻省聲。少羊切
倄　刺也。从人肴聲。一曰痛聲。胡茅切
侉　備詞。从人夸聲。苦瓜切
催　相儔也。从人崔聲。詩曰：室人交徧催我。倉回切
俑　痛也。从人甬聲。他紅切，又余隴切
伏　司也。从人从犬。臣鉉等曰：司，今人作伺。房六切
促　迫也。从人足聲。七玉切
例　比也。从人㓕聲。力制切
係　絜束也。从人从系，系亦聲。胡計切
伐　擊也。从人持戈。一曰敗也。房越切
俘　軍所獲也。从人孚聲。春秋傳曰：以爲俘聝。芳無切
但　裼也。从人

[illegible]

傴 僂也从人區聲於武切
僂 尫也从人婁聲周公韈僂或言背僂力主切
僇 癡行僇僇也从人翏聲讀若雡一曰且也力救切
仇 讎也从人九聲巨鳩切
儡 相敗也从人畾聲讀若雷魯回切
咎 災也从人从各各者相違也其久切
仳 別也从人比聲詩曰有女仳離芳比切
倠 仳倠醜面从人隹聲許惟切
值 措也从人直聲直吏切
侂 寄也从人庑聲庑古文宅他各切
僔 聚也从人尊聲詩曰僔沓背憎慈損切
像 象也从人从象象亦聲讀若養徐兩切
倦 罷也从人卷聲渠眷切
傮 終也从人曹聲作曹切
偶 桐人也从人禺聲五口切
弔 問終也古之葬者厚衣之以薪从人持弓會敺禽多嘯切
佋 廟佋穆父爲佋南面子爲穆北面从人召聲市招切
⿰亻身 神也从人身聲失人切
僊 長生僊去从人从䙴䙴亦聲相然切
僰 犍爲蠻夷从人棘聲蒲北切
仚 人在山上从人从山呼堅切
僥 南方有焦僥人長三尺短之極从人堯聲五聊切
⿰亻對 市也从人對聲都隊切
俇 遠行也从人狂聲居況切
件 分也从人从牛牛大物故可分其輦切
侶 徒侶也从人呂聲力舉切
侲 僮子也从人辰聲章刃切
倅 副也从人卒聲七內切
傔 從也从人兼聲苦念切

文三百四十五 重十四

倜 倜儻不羈也从人从周未詳他歷切
儻 倜儻也从人黨聲他朗切
佾 舞行列也从人佾聲夷質切
倒 仆也从人到聲當老切
儈 合市也从人會會亦聲古外切
低 下也从人氐氐亦聲都兮切
債 債負也从人責責亦聲側賣切
價 物直也从人賈賈亦聲古訝切
停 止也从人亭聲特丁切
僦 賃也从人就就亦聲即就切
伺 候望也从人司聲自低已下六字从人皆後人所加相吏切
僧 浮屠道人也从人曾聲穌曾切
佇 久立也从人从宁直呂切
偵 問也从人貞聲丑鄭切

文十八 新附

𠤎 變也从到人凡𠤎之屬皆从𠤎呼跨切
𠤕 未定也从𠤎吴聲吴古文矢字語期切
眞 僊人變形而登天也从𠤎从目从乚音隱八所乘載也側鄰切
𡯂 古文眞
化 教行也从𠤎从人𠤎亦聲呼跨切

文四 重一

匕 相與比敘也从反人匕亦所以用比取飯一名柶凡匕之屬皆从匕卑履切

說文解字弟五上 [illegible]

[illegible]

文四　重一

[illegible]

文十八　新附

[illegible]

文三百四十五　重十四

[illegible]

匙 匕也从匕是聲是支切 𠤏 相次也从匕从十鴇从此博抱切 𩑋 頃也从匕支聲匕頭頃也詩曰𩑋彼織女去智切 頃 頭不正也从匕从頁臣鉉等曰匕者有所比附不正也去營切 匘 頭髓也从匕匕相匕著也巛象髮囟象匘形奴皓切 卬 望欲有所庶及也从匕从卪詩曰高山卬止伍岡切 卓 高也早匕為卓匕卪為卬皆同義竹角切 𠦝 古文卓 艮 很也从匕目匕目猶目相匕不相下也易曰艮其限匕目為艮匕目為真也古恨切

文九　重一

从 相聽也从二人凡从之屬皆从从疾容切 從 隨行也从辵从从亦聲慈用切 并 相從也从从幵聲一曰从持二為并府盈切

文三

比 密也二人為从反从為比凡比之屬皆从比毗至切 毖 慎也从比必聲周書曰無毖于卹兵媚切 𠤗 古文比

文二　重一

北 乖也从二人相背凡北之屬皆从北博墨切 冀 北方州也从北異聲几利切

文二

丘 土之高也非人所為也从北从一一地也人居在丘南故从北中邦之居在崐崘東南一曰四方高中央下為丘象形凡丘之屬皆从丘去鳩切今隸變作丘 𡊑 古文从土 虛 大丘也崐崘丘謂之崐崘虛古者九夫為井四井為邑四邑為丘丘謂之虛从丘虍聲臣鉉等曰今俗別作墟非是丘如切又朽居切 𡴆 反頂受水丘从丘泥省聲奴低切

文三　重一

㐺 眾立也从三人凡㐺之屬皆从㐺讀若欽崟魚音切 眾 多也从㐺目眾意之仲切 聚 會也从㐺取聲邑落云聚才句切 臮 眾詞與也从㐺自聲虞書曰臮咎繇其冀切 𥄳 古文臮

文四　重一

[illegible] 文四 重一

[illegible]

乑 眾立也。从三人。凡乑之屬皆从乑。讀若欽崟。[illegible]

[illegible] 文三 重一

[illegible]

[illegible]

[illegible]

[illegible] 文三

[illegible]

[illegible] 文二 重一

[illegible]

[illegible] 文三

[illegible]

[illegible] 文九 重一

[illegible]

𡈼 善也从人士士事也一曰象物出地挺生也凡𡈼之屬皆从𡈼臣鉉等曰人在土上𡈼然而立也他鼎切

徵 召也从微省𡈼爲徵行於微而文達者即徵之陟陵切 𢿱 古文徵

朢 月滿與日相朢以朝君也从月从臣从𡈼𡈼朝廷也無放切 𦣠 古文朢省

㸒 近求也从爪𡈼𡈼徵幸也余箴切

文四 重二

重 厚也从𡈼東聲凡重之屬皆从重徐鍇曰𡈼者人在土上故爲厚也柱用切

量 稱輕重也从重省曏省聲呂張切 𠦬 古文量

文二 重一

臥 休也从人臣取其伏也凡臥之屬皆从臥吾貨切

監 臨下也从臥䘓省聲古銜切 𧟨 古文監从言

臨 監臨也从臥品聲力尋切

𦦙 楚謂小兒嬾𦦙从臥食尼見切

文四 重一

身 躳也象人之身从人厂聲凡身之屬皆从身失人切

軀 體也从身區聲豈俱切

文二

㐆 歸也从反身凡㐆之屬皆从㐆徐鍇曰古人所謂反身修道故曰歸也於機切

殷 作樂之盛稱殷从㐆从殳易曰殷薦之上帝於身切

文二

衣 依也上曰衣下曰裳象覆二人之形凡衣之屬皆从衣於稀切

裁 制衣也从衣𢦏聲昨哉切

衮 天子享先王卷龍繡於下幅一龍蟠阿上鄉从衣公聲古本切

襢 丹縠衣从衣亶聲知扇切

褕 翟羽飾衣从衣俞聲一曰直裾謂之襜褕羊朱切

袗 玄服从衣㐱聲之忍切 裖 袗或从辰

表 上衣也从衣从

[illegible]

[illegible]

[illegible] 文二

[illegible]

[illegible] 文三

[illegible]

[illegible] 文四 重一

[illegible]

[illegible] 文二 重一

[illegible]

[illegible] 文四 重二

[illegible]

[illegible]

从衣从毛古者衣裘以毛爲表陂矯切
𧘝 古文表从麃
裏 衣内也从衣里聲良止切
襁 負兒衣从衣強聲居兩切
襋 衣領也从衣棘聲詩曰要之襋之已力切
襮 黼領也从衣暴聲詩曰素衣朱襮蒲沃切
衽 衣裣也从衣壬聲如甚切
褸 衽也从衣婁聲力主切
褽 衽也从衣尉聲於胃切
⿰衤疌 裣緣也从衣疌聲七入切
䘳 交衽也从衣金聲居音切
褘 蔽厀也从衣韋聲周禮曰王后之服褘衣謂畫袍許歸切
衭 襲袂也从衣夫聲甫無切
襲 左衽袍从衣龖省聲似入切
⿰衤龖 籀文襲不省
袍 襺也从衣包聲論語曰衣弊緼袍薄褒切
襺 袍衣也从衣繭聲以絮曰襺以緼曰袍春秋傳曰盛夏重襺古典切
褋 南楚謂禪衣曰褋从衣枼聲徒叶切
袤 衣帶以上从衣矛聲一曰南北曰袤東西曰廣莫候切
⿳亠楙𧘇 籀文袤从楙
襘 帶所結也从衣會聲春秋傳曰衣有襘古外切
褧 檾也詩曰衣錦褧衣示反古从衣耿聲去穎切
袛 袛裯短衣从衣氐聲都兮切
裯 衣袂袛裯从衣周聲都牢切
襤 裯謂之襤褸襤無緣也从衣監聲魯甘切
⿰衤隋 無袂衣謂之⿰衤隋从衣惰省聲徒臥切
裻 衣躬縫从衣毒聲讀若督冬毒切
袪 衣袂也从衣去聲一曰袪褱也褱者袌也袪尺二寸春秋傳曰披斬其袪去魚切
褎 袂也从衣采聲似又切
袖 俗褎从由
袂 袖也从衣夬聲彌弊切
褢 袖也一曰藏也从衣鬼聲戶乖切

褱 俠也从衣眔聲一曰橐臣鉉等曰眔非聲未詳戶乖切
袌 褱也从衣包聲臣鉉等曰今俗作抱非是抱與捊同薄保切
襜 衣蔽前从衣詹聲處占切
袥 衣衸从衣石聲他各切
衸 袥也从衣介聲胡介切
襗 絝也从衣睪聲徒各切
袉 裾也从衣它聲論語曰朝服袉紳唐左切
裾 衣袍也从衣居聲讀與居同九魚切
衧 諸衧也从衣于聲羽俱切
褰 絝也从衣寒省聲春秋傳曰徵褰與襦去虔切
襱 絝踦也从衣龍聲丈冢切
襩 襱或从賣
袑 絝上也从衣召聲市沼切
襑 衣博大从衣尋聲他感切
褒 衣博裾从衣保省聲保古文保博毛切
褅 緥也从衣啻聲詩曰載衣之褅臣鉉等曰緥即褓緥也今俗別作褓非是他計切
褍 衣正幅从衣耑聲多官切
䙟 重衣皃从衣圍聲爾雅曰䙟䙟襀襀臣鉉等曰說文無襀字爾雅亦無此語疑後人所加羽非切
複 重衣皃从衣复聲一曰褚衣方六切
褆 衣厚褆褆从衣是聲杜兮切
襛 衣厚皃从衣農聲詩曰何彼襛矣汝容切
䘨 新衣聲一曰背縫从衣叔聲冬毒切
袳 衣張也从衣多聲春秋傳曰公會齊侯于袳尺氏切
裔 衣裾也从衣㕯聲臣鉉等曰㕯非聲疑象衣裾之形余制切
⿱亼八 古文裔
衯 長衣皃从衣分聲撫文切
袁 長衣皃从衣叀省聲羽元切
⿰衤鳥 短衣也从衣鳥聲春秋

合[illegible]从亼从口[illegible]古文[illegible]
[illegible]會[illegible]从亼[illegible]倉[illegible]
[illegible]

傳曰有空⿰衤鳥都僚切
褺 重衣也从衣執聲巴郡有褺縣徒叶切
裵 長衣皃从衣非聲臣鉉等案漢書裵衣回用此今俗作徘徊非是薄回切
襡 短衣也从衣蜀聲讀若蜀市玉切
⿱斲衣 衣至地也从衣斲聲竹角切
襦 短衣也从衣需聲一曰㬮衣人朱切
褊 衣小也从衣扁聲方沔切
袷 衣無絮从衣合聲古洽切
襌 衣不重从衣單聲都寒切
襄 漢令解衣耕謂之襄从衣𤕦聲息良切
□ 古文襄
被 寢衣長一身有半从衣皮聲平義切
衾 大被从衣今聲去音切
襐 飾也从衣象聲徐兩切
衵 日日所常衣从衣从日日亦聲人質切
褻 私服从衣埶聲詩曰是褻袢也臣鉉等曰从埶省乃得聲私列切
衷 裏褻衣从衣中聲春秋傳曰皆衷其衵服陟弓切
袾 好佳也从衣朱聲詩曰靜女其袾昌朱切
袓 事好也从衣且聲才与切
裨 接益也从衣卑聲府移切
袢 無色也从衣半聲一曰詩曰是紲袢也讀若普博慢切
雜 五彩相合从衣集聲徂合切
裕 衣物饒也从衣谷聲易曰有孚裕無咎羊孺切
襞 韏衣也从衣辟聲臣鉉等曰韏革中辨也衣襞積如辨也必益切
衦 摩展衣从衣干聲古案切
裂 繒餘也从衣列聲良辥切
袽 弊衣从衣奴聲女加切
袒 衣縫解也从衣旦聲丈莧切
補 完衣也从衣甫聲博古切
⿰衣黹 紩衣也从衣从黹黹亦聲豬几切
褫 奪衣也从衣虒聲讀若池直离切
⿳亡口⿲月衣凡 袒也从衣⿳亡口⿲月女凡聲郎果切
裸 ⿳亡口⿲月衣凡或从果
裎 袒也从衣呈聲丑郢切
裼 袒也从衣易聲先擊切
衺 𧙗也从衣牙聲似嗟切
襭 以衣衽扱物謂之襭从衣頡聲胡結切
擷 襭或从手
袺 執衽謂之袺从衣吉聲格八切
褿 帴也从衣曹聲昨牢切又七刀切
裝 裹也从衣壯聲側羊切
裹 纏也从衣果聲古火切
裛 書囊也从衣邑聲於業切
⿱齊衣 緶也从衣齊聲即夷切
裋 豎使布長襦从衣豆聲常句切
褔 編枲衣从衣區聲一曰頭褔一曰次裹衣於武切又於矦切
褐 編枲襪一曰粗衣从衣曷聲胡葛切
褗 褔領也从衣匽聲於幰切
裺 褗謂之裺从衣奄聲依檢切
衰 艸雨衣秦謂之萆从衣象形穌禾切
□ 古文衰
卒 隸人給事者衣爲卒卒衣有題識者臧没切
褚 卒也从衣者聲一曰製衣丑呂切
製 裁也从衣从制征例切
袚 蠻夷衣从衣犮聲一曰蔽厀北末切
襚 衣死人也从衣遂聲春秋傳曰楚使公親襚徐醉切
祱 贈終者衣被曰祱从衣兌聲輸芮切
褮 鬼衣从衣熒省聲讀若詩曰葛藟縈之一曰若靜女其袾之袾於營切
⿰衤弔 棺中縑裏从衣弔讀若雕都僚切
⿰衤延 車溫也从衣延聲式連切
褭 以組帶馬也从衣从馬奴鳥切

[illegible]

[illegible]也以[illegible]

[illegible]从[illegible]曰[illegible]

[illegible]

[illegible]

[illegible]

[illegible]

[illegible]

[illegible]

[illegible]

[illegible]

[illegible]

[illegible]

[illegible]

[illegible]

[illegible]

[illegible]

[illegible]

[illegible]

[illegible]

文一百一十六　重十一

袨 盛服也从衣玄聲黄絢切　衫 衣也从衣彡聲所銜切　襖 裘屬从衣奥聲烏皓切　文三新附

裘 皮衣也从衣求聲一曰象形與衰同意凡裘之屬皆从裘　巨鳩切

求 古文省衣　⿰裘鬲 裘裏也从裘鬲聲讀若擊楷革切

文二　重一

老 考也七十曰老从人毛匕言須髮變白也凡老之屬皆从老　盧皓切

耋 年八十曰耋从老省从至徒結切　⿱耂蒿 年九十曰⿱耂蒿从老从蒿省莫報切　耆 老也从老省旨聲渠脂切　耇 老人面凍黎若垢从老省句聲古厚切　⿱耂占 老人面如點也从老省古聲讀若耿介之耿丁念切　⿱耂易 老人行才相遠从老省易省行象讀若樹常句切　壽 久也从老省𠷎聲殖酉切　考 老也从老省丂聲苦浩切　孝 善事父母者从老省从子子承老也呼教切

文十

毛 眉髮之屬及獸毛也象形凡毛之屬皆从毛　莫袍切

毴 毛盛也从毛隼聲虞書曰鳥獸毴髦而尹切又人勇切　⿰倝毛 獸豪也从毛倝聲侯幹切　毨 仲秋鳥獸毛盛可選取以爲器用从毛先聲讀若選穌典切　⿰㒼毛 以毳爲罽色如虋故謂之⿰㒼毛虋禾之赤苗也从毛㒼聲詩曰毳衣如⿰㒼毛莫奔切　氈 撚毛也从毛亶聲諸延切

文六

毦 羽毛飾也从毛耳聲仍吏切　氍 氍毹氀毲皆氈緂之屬蓋方言也从毛瞿聲其俱切　毹 氍毹也从毛俞聲羊朱切　毾 毾㲪也从毛昜聲土盍切　㲪 毾㲪也从毛登聲都滕切　毬 鞠丸也从毛求聲巨鳩切　氅 析鳥羽爲旗纛之屬从毛敞聲昌兩切

文七　新附

毳 獸細毛也从三毛凡毳之屬皆从毳　此芮切

⿰非毳 毛紛紛也从毳非聲甫微切

文二

尸 陳也 象臥之形 凡尸之屬皆从尸 式脂切

𡰣 [illegible]

居 蹲也 从尸古者居从古 九魚切 踞 俗居从足

𡰥 [illegible]

屑 動作切切也 从尸㞗聲 私列切

展 轉也 从尸襄省聲 知衍切

屆 行不便也 一曰極也 从尸凷聲 古拜切

尻 脽也 从尸九聲 苦刀切

𡱂 髀也 从尸下丌居几 臀 𡱂或从肉隼 䐧 𡱂或从骨殿聲 徒魂切

[illegible]

屒 伏皃 从尸辰聲 一曰屋宇 珍忍切

屖 屖遟也 从尸辛聲 先稽切

屝 履也 从尸非聲 扶沸切

[illegible]

屠 刳也 从尸者聲 同都切

屟 履中薦也 从尸枼聲 穌叶切

屋 居也 从尸 尸所主也 一曰尸象屋形 从至 至所至止 室屋皆从至 烏谷切 𡱜 籀文屋从厂 𡲚 古文屋

屏 屏蔽也 从尸并聲 必郢切

層 重屋也 从尸曾聲 昨稜切

文二十三 重五

屢 數也 案今之婁字本是屢空字 此字後人所加 从尸 未詳 立羽切

文一 新附

說文解字弟八上

說文解字第八下

漢太尉祭酒許氏記

銀青光祿大夫守右散騎常侍上柱國東海縣開國子食邑五百戶臣徐鉉等奉

敕校定

尺 十寸也人手卻十分動脈爲寸口十寸爲尺尺所以指尺規榘事也从尸从乙乙所識也周制寸尺咫尋常仞諸度量皆以人之體爲法凡尺之屬皆从尺 昌石切

咫 中婦人手長八寸謂之咫周尺也从尺只聲 諸氏切

文二

尾 微也从到毛在尸後古人或飾系尾西南夷亦然凡尾之屬皆从尾 無斐切今隸變作尾

屬 連也从尾蜀聲 之欲切

屈 無尾也从尾出聲 九勿切

尿 人小便也从尾从水 奴弔切

文四

履 足所依也从尸从彳从夊舟象履形一曰尸聲凡履之屬皆从履 良止切

𩓨 古文履从頁从足

屨 履也从履省婁聲一曰鞮也 九遇切

⿸履省歷 履下也从履省歷聲 郎擊切

⿸履省予 履屬从履省予聲 臣鉉等曰予非聲未詳 徐呂切

屩 屐也从履省喬聲 居勺切

屐 屩也从履省支聲 奇逆切

文六 重一

舟 船也古者共鼓貨狄刳木爲舟剡木爲楫以濟不通象形凡舟之屬皆从舟 職流切

俞 空中木爲舟也从亼从舟从巜巜水也 羊朱切

船 舟也从舟鉛省聲 食川切

肜 船行也从舟彡聲 丑林切

舳 艫也从舟由聲漢律名船方長爲舳艫一曰舟尾 臣鉉等曰當从胄省乃得聲 直六切

艫 舳艫也一曰船頭从舟盧聲 洛乎切

𦨉 船行不安也从舟从刖省讀若兀 五忽切

艐 船著不行也从舟㚇聲讀若莘 子紅切

朕 我也闕 直禁切

舫 船師也明堂月令曰舫人習水者从舟方

聲肯亥切
般 辟也象舟之旋从舟从殳殳所以旋也北潘切
𣪘 古文般从攴
服 用也一曰車右騑所以舟旋从舟𠬝聲房六切
䑹 古文服从人

文十二　重二

舸 舟也从舟可聲古我切
艇 小舟也从舟廷聲徒鼎切
艅 艅艎舟名从舟余聲經典通用餘以諸切
艎 艅艎也从舟皇聲胡光切

文四　新附

方 併船也象兩舟省總頭形凡方之屬皆从方府良切
汸 方或从水
斻 方舟也从方亢聲禮天子造舟諸侯維舟大夫方舟士特舟臣鉉等曰今俗別作航非是胡郎切

文二　重一

儿 仁人也古文奇字人也象形孔子曰在人下故詰屈凡儿之屬皆从儿如鄰切
兀 高而上平也从一在人上讀若敻茂陵有兀桑里五忽切
兒 孺子也从儿象小兒頭囟未合汝移切
允 信也从儿㠯聲余準切
兌 說也从儿㕣聲臣鉉等曰㕣古文兗字非聲當从口从八象气之分散易曰兌爲巫爲口大外切
充 長也高也从儿育省聲昌終切

文六

兄 長也从儿从口凡兄之屬皆从兄許榮切
兢 競也从二兄二兄競意从丰聲讀若矜一曰兢敬也居陵切

文二

兂 首笄也从人匕象簪形凡兂之屬皆从兂側岑切
簪 俗兂从竹从朁
兓 朁朁銳意也从二兂子林切

文二　重一

皃 頌儀也从人白象人面形凡皃之屬皆从皃莫教切
貌 皃或从頁豹省聲
貌 籒文皃从豹省
覍 冕也周曰覍殷曰吁夏曰收从皃象形皮變切
[illegible] 籒文覍从廾上象形
弁 或覍字

文二　重四

𠑹 廱蔽也。从人，象左右皆蔽形。凡𠑹之屬皆从𠑹。讀若瞽。公戶切

兜 兜鍪，首鎧也。从𠑹，从皃省。皃象人頭也。當侯切

文二

先 前進也。从儿从之。凡先之屬皆从先。臣鉉等曰：之人上，是先也。穌前切

兟 進也。从二先。贊从此。闕。所臻切

文二

禿 無髮也。从人，上象禾粟之形，取其聲。凡禿之屬皆从禿。王育說：蒼頡出，見禿人伏禾中，因以制字。未知其審。他谷切

穨 禿皃。从禿貴聲。杜回切

文二

見 視也。从儿从目。凡見之屬皆从見。古甸切

視 瞻也。从見示。神至切 𥄎 古文視。眂 亦古文視。

□ 求也。从見麗聲。讀若池。郎計切

覣 好視也。从見委聲。於爲切

□ 旁視也。从見兒聲。五計切

覶 好視也。从見𤔔聲。洛戈切

□ 大視也。从見爰聲。況晚切

覝 察視也。从見𥹆聲。讀若鎌。力鹽切

□ 外博眾多視也。从見員聲。讀若運。王問切

觀 諦視也。从見雚聲。古玩切 □ 古文觀，从囧。

□ 取也。从見从寸。寸，度之，亦手也。臣鉉等案：彳部作古文得字，此重出。多則切

覽 觀也。从見、監，監亦聲。盧敢切

□ 內視也。从見來聲。洛代切

□ 顯也。从見是聲。杜兮切

□ 目有察省見也。从見票聲。方小切

□ □□□觀也。从見朿聲。七四切

覰 拘覰，未致密也。从見虘聲。七句切

覭 小見也。从見冥聲。爾雅曰：覭髳，弗離。莫經切

□ 內視也。从見甚聲。丁含切

覯 遇見也。从見冓聲。古后切

□ 注目視也。从見歸聲。渠追切

覘 窺也。从見占聲。春秋傳曰：公使覘之，信。敕豔切

覹 司也。从見微聲。無非切

覢 暫見也。从見炎聲。春秋公羊傳曰：覢然公子陽生。失冉切

□ 暫見也。从見賓聲。必刃切

□ □□也。从見樊聲。讀若幡。附袁切

□ 病人

[illegible]

[illegible] 覬 欽幸也从見豈聲 几利切 覦 欲也从見俞聲 羊朱切 [illegible]

[illegible] 一曰直視 [illegible] 覺 寤也从見學省聲一曰發也 古岳切 [illegible]

[illegible] 靚 召也从見青聲 疾正切 親 至也从見亲聲 七人切 覲 諸侯秋朝曰覲勞王事从見堇聲 渠吝切 覜 諸侯三年大相聘曰覜覜視也从見兆聲 他弔切 [illegible] 相見 [illegible]

[illegible] 司人也从見 [illegible] 讀若 [illegible]

文四十五　重三

覿 見也从見賣聲 徒歷切

文一　新附

覞 並視也从二見凡覞之屬皆从覞 弋笑切 [illegible]

[illegible]

文三

欠 張口气悟也象气从人上出之形凡欠之屬皆从欠 去劒切

欽 欠皃从欠金聲 去音切 [illegible]

[illegible] 吹 [illegible] 昌垂切 [illegible] 一曰笑意从欠句聲 [illegible]

[illegible]

歡 喜樂也从欠雚聲 呼官切 欣 笑喜也从欠斤聲 許斤切 弞 笑不壞顏曰弞从欠引省聲 式忍切 [illegible]

[illegible] 欯 喜也从欠吉聲 許吉切 [illegible]

[illegible] 口不便言 [illegible]

[illegible]

[illegible]

[illegible] 歊 歊歊气出皃从欠高高亦聲 許嬌切 [illegible]

有所吹起从欠炎聲讀若忽許物切

欪 欪欪戲笑皃从欠之聲許其切

⿰䍃欠 ⿰䍃欠⿰䍃欠气出皃从欠䍃聲余招切

歗 吟也从欠肅聲詩曰其歗也謌臣鉉等案口部此籀文嘯字此重出穌弔切

歎 吟也从欠鷬省聲他案切

⿰𦰩欠 籀文歎不省

歖 卒喜也从欠从喜許其切

欸 訾也从欠矣聲凶戒切又烏開切

⿰此欠 歐也从欠此聲前智切

歐 吐也从欠區聲烏后切

歔 欷也从欠虛聲一曰出气也朽居切

欷 歔也从欠稀省聲香衣切

歜 盛气怒也从欠蜀聲尺玉切

⿰鹵欠 言意也从欠从鹵鹵亦聲讀若酉与久切

⿰渴欠 欲歠歠从欠渴聲苦葛切

⿰旲欠 所謌也从欠噭省聲讀若叫呼之叫古弔切

⿰嗇欠 悲意从欠嗇聲火力切

⿰樵欠 盡酒也从欠樵聲子肖切

⿰緘欠 監持意口閉也从欠緘聲古咸切

⿰辰欠 指而笑也从欠辰聲讀若蜃時忍切

⿰鰥欠 昆干不可知也从欠鰥聲古渾切

歃 歠也从欠臿聲春秋傳曰歃而忘山洽切

欶 吮也从欠束聲所角切

歁 食不滿也从欠甚聲讀若坎苦感切

欿 欲得也从欠臽聲讀若貪他含切

欱 歠也从欠合聲呼合切

歉 歉食不滿从欠兼聲苦簟切

⿰骨欠 咽中息不利也从欠骨聲烏八切

欭 嚘也从欠因聲乙冀切

欬 屰气也从欠亥聲苦蓋切

⿰毄欠 且唾聲一曰小笑从欠毄聲許壁切

歙 縮鼻也从欠翕聲丹陽有歙縣許及切

⿰咎欠 蹴鼻也从欠咎聲讀若爾雅曰麔豭短脰於糾切

⿰幼欠 愁皃从欠幼聲臣鉉等案口部呦字或作⿰幼欠此重出於虯切

欪 咄欪無慙一曰無腸意从欠出聲讀若卉丑律切

欥 詮詞也从欠从曰曰亦聲詩曰欥求厥寧余律切

次 不前不精也从欠二聲七四切

⿰古文次 古文次

⿰康欠 飢虛也从欠康聲苦岡切

欺 詐欺也从欠其聲去其切

歆 神食气也从欠音聲許今切

文六十五　重五

歈 歌也从欠俞聲切韻云巴歈歌也案史記渝水之人善歌舞漢高祖采其聲後人因加此字羊朱切

文一 新附

㱃 歠也从欠酓聲凡㱃之屬皆从㱃於錦切

⿰古文㱃 古文㱃从今水

⿰古文㱃 古文㱃从今食

歠 㱃也从㱃省叕聲昌說切

吷 歠或从口从叏

文二　重三

㳄 慕欲口液也从欠从水凡㳄之屬皆从㳄叙連切

⿰侃欠 㳄或从侃

⿰籀文㳄 籀文㳄

羨 貪欲也从㳄从羑省羑呼之羑文王所拘羑里似面切

⿸厂㳄 㱃也从㳄厂聲讀若移以支切

盜 私利物也从㳄㳄欲皿者徒到切

文四　重二

[illegible] 文四 重二

[illegible]

[illegible] 篆文从水 [illegible]

文二 重[illegible]

[illegible]

旡 㱃食气屰不得息曰旡从反欠凡旡之屬皆从旡居未切今變隸作无

𠂒 古文旡

旤 屰惡驚詞也从旡咼聲讀若楚人名多夥乎果切

㤣 事有不善言㤣也爾雅㤣薄也从旡京聲臣鉉等曰今俗隸書作亮力讓切

說文解字第八下

旡 㱃食气屰不得息曰旡从反欠凡旡之屬皆从旡

[illegible]

說文解字弟八下

說文解字第九上　漢太尉祭酒許慎記

銀青光祿大夫守右散騎常侍上柱國東海縣開國子食邑五百戶臣徐鉉等奉
敕校定

四十六部　四百九十六文　重六十四

凡七千二百四十七字

文三十八新附

頁　頭也。从𦣻从儿。古文䭫首如此。凡頁之屬皆从頁。百者，䭫首字也。胡結切

頭　首也。从頁豆聲。度侯切

顏　眉目之閒也。从頁彥聲。五姦切

𩔖　籀文。

頌　皃也。从頁公聲。余封切，又似用切

額　籀文。

䪿　顱也。从頁毛聲。徒谷切

顱　頊顱，首骨也。从頁盧聲。洛乎切

[illegible]　顚頂也。从頁屵聲。魚怨切

顚　頂也。从頁眞聲。都季切

頂　顚也。从頁丁聲。都挺切

[illegible]　或从𩑋作。

[illegible]　籀文从鼎。

顙　頟也。从頁桑聲。蘇朗切

題　頟也。从頁是聲。杜兮切

頟　顙也。从頁各聲。臣鉉等曰：今俗作額。五陌切

頞　鼻莖也。从頁安聲。烏割切

[illegible]　或从鼻曷。

頯　權也。从頁弅聲。渠追切

頰　面旁也。从頁夾聲。古叶切

[illegible]　籀文頰。

𩒹　頰後也。从頁皀聲。古恨切

頜　顄也。从頁合聲。胡感切

顄　頤也。从頁圅聲。胡男切

頸　頭莖也。从頁巠聲。居郢切

領　項也。从頁令聲。良郢切

項　頭後也。从頁工聲。胡講切

頕　項枕也。从頁冘聲。章衽切

顀　出頟也。从頁隹聲。直追切

䫊　曲頤也。从頁不聲。薄回切

顩　鬑皃。从頁僉聲。魚檢切

⿰尹頁　面目不正皃。从頁尹聲。余準切

頵　頭頵頵大也。从頁君聲。於倫切

⿰員頁　面色顚顚皃。从頁員聲。讀若隕。于閔切

⿰兼頁　頭頰長也。从頁兼聲。五咸切

碩　頭大也。从頁石聲。常隻切

頒　大頭也。从頁分聲。一曰鬢也。詩曰：有頒其首。布還切

顒　大頭也。从頁禺聲。詩曰：其大有顒。魚容切

⿰羔頁　大頭也。从頁羔聲。口么切

⿰骨頁　大頭也。从頁骨聲。讀若魁。苦骨切

願　大頭也。从頁原聲。魚怨切

顤　高長頭。从頁堯聲。五弔切

䫜　䫜顤，高也。从頁敖聲。五到切

⿰岳頁　面前岳岳也。从頁岳聲。五角切

[illegible]　昧前也。从頁㫐聲。讀若昧。莫佩切

⿰霝頁　面瘦淺顲顲也。从頁霝聲。郎丁切

顡　頭蔽顡也。从頁豙聲。五怪切

[illegible]

[illegible]

頁頭也从𦣻从儿古文䭫首如此凡頁之屬皆从頁𦣻者䭫首字也胡結切

文三十八 新附

凡四十六部 四百九十六文 重六十三

凡七千二百四十七字

[illegible]

說文解字弟九上　　漢太尉祭酒許慎記

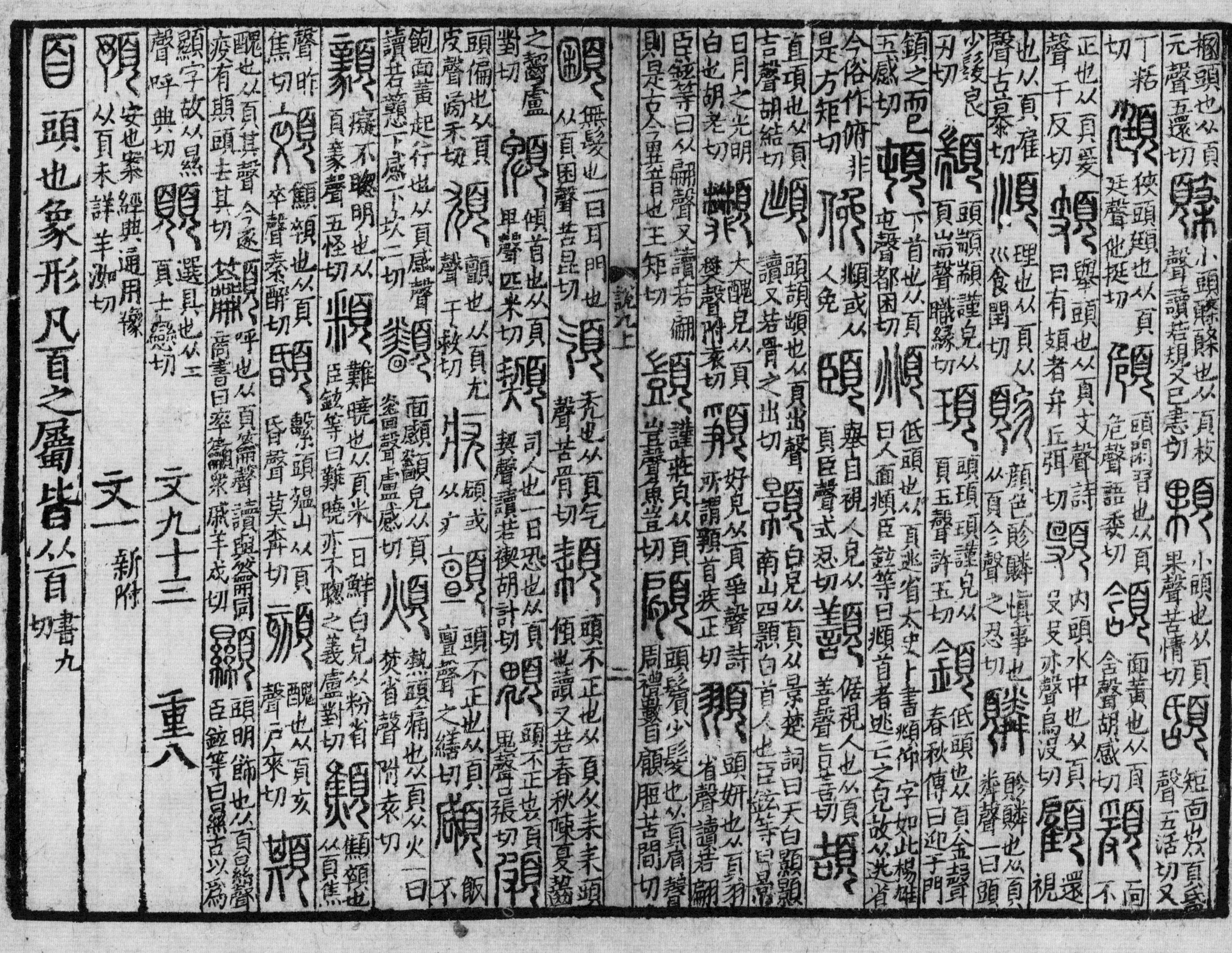

㮯頭也从頁元聲五還切
⿰枝頁 小頭⿰枝頁⿰枝頁也从頁枝聲讀若規又己恚切
顆 小頭也从頁果聲苦惰切
頢 短面也从頁𠯑聲五活切又丁括切
頲 狹頭頲也从頁廷聲他挺切
頠 頭閑習也从頁危聲語委切
頷 面黃也从頁含聲胡感切
⿰爰頁 面不正也从頁爰聲于反切
頍 舉頭也从頁支聲詩曰有頍者弁丘弭切
𩔇 內頭水中也从頁𠬛𠬛亦聲烏沒切
顧 還視也从頁雇聲古慕切
順 理也从頁从巛食閏切
⿰㐱頁 顏色⿰㐱頁䫇慎事也从頁㐱聲之忍切
䫇 ⿰㐱頁䫇也从頁粦聲一曰頭少髮良刃切
顓 頭顓顓謹皃从頁耑聲職緣切
頊 頭頊頊謹皃从頁玉聲許玉切
顉 低頭也从頁金聲春秋傳曰迎于門顉之而已五感切
頓 下首也从頁屯聲都困切
頫 低頭也从頁逃省太史卜書頫仰字如此楊雄曰人面頫臣鉉等曰頫首者逃亡之皃故从逃省今俗作俯非是方矩切
俛 頫或从人免
⿰臣頁 舉目視人皃从頁臣聲式忍切
⿰善頁 倨視人也从頁善聲旨善切
頡 直項也从頁吉聲胡結切
⿰出頁 頭頡⿰出頁也从頁出聲讀又若骨之出切
顥 白皃从頁从景楚詞曰天白顥顥南山四顥白首人也臣鉉等曰景日月之光明白也胡老切
⿰樊頁 大醜皃从頁樊聲附袁切
⿰爭頁 好皃从頁爭聲詩所謂⿰爭頁首疾正切
⿰翩頁 頭妍也从頁翩省聲讀若翩臣鉉等曰从翩聲又讀若翩則是古今異音也王矩切
顗 謹莊皃从頁豈聲魚豈切
顅 頭鬢少髮也从頁肩聲周禮數目顅脰苦閑切

⿰囷頁 無髮也一曰耳門也从頁囷聲苦昆切
⿰气頁 禿也从頁气聲苦骨切
頛 頭不正也从頁从耒耒頭傾也讀又若春秋陳夏齧之齧盧對切
⿰卑頁 傾首也从頁卑聲匹米切
⿰契頁 司人也一曰恐也从頁契聲讀若禊胡計切
⿰鬼頁 頭不正也从頁鬼聲口猥切
頗 頭偏也从頁皮聲滂禾切
䫂 顫也从頁尤聲于救切
疣 䫂或从疒
顫 頭不正也从頁亶聲之繕切
顑 飯不飽面黃起行也从頁咸聲讀若戇憃下感下坎二切
顲 面顑顲皃从頁㐭聲盧感切
煩 熱頭痛也从頁从火一曰焚省聲附袁切
顡 癡不聰明也从頁豙聲五怪切
頪 難曉也从頁米一曰鮮白皃从粉省臣鉉等曰難曉亦不聰之義盧對切
顦 顦顇也从頁焦聲昨焦切
顇 顦顇也从頁卒聲秦醉切
⿰昏頁 繫頭殟也从頁昏聲莫奔切
頦 醜也从頁亥聲戶來切
䫏 醜也从頁其聲今逐疫有䫏頭去其切
籲 呼也从頁籥聲讀與籥同商書曰率籲衆戚羊戍切
顯 頭明飾也从頁㬎聲臣鉉等曰㬎古以爲顯字故从㬎聲呼典切
顨 選具也从二頁士戀切

文九十三　重八

預 安也案經典通用豫从頁未詳羊洳切

文一　新附

𦣻 頭也象形凡𦣻之屬皆从𦣻書九切

[illegible]

文[illegible] 卷十三 重[illegible]

[illegible]

脜 靣和也从百从肉讀若柔耳由切 文二
面 顏前也从百象人面形凡面之屬皆从面 彌箭切
靦 面見也从面見見亦聲詩曰有靦面目他典切 䩄 或从旦 䩉 頰也从面甫聲符遇切 醮 面焦枯小也从面焦聲即消切
文四 重一
靨 姿也从面厭聲於叶切 文一 新附
丏 不見也象壅蔽之形凡丏之屬皆从丏 彌兖切 文一
𩠐 百同古文百也巛象髮謂之鬊鬊即巛也凡
𩠐之屬皆从𩠐 書九切
𩠐 下首也从𩠐旨聲康禮切 𩠑 截也从𩠐从斷 大丸旨沇二切 剸 或从刀専聲 文三 重一
県 到首也賈侍中說此斷首到縣県字凡県之

屬皆从県 古堯切
縣 繫也从系持県臣鉉等曰此本是縣挂之縣借爲州縣之縣今俗加心別作懸義無所取胡涓切 文二
須 面毛也从頁从彡凡須之屬皆从須 臣鉉等曰此本須鬢之須頁首也彡
毛飾也借爲所須之須俗書从水非是相俞切
頾 口上須也从須此聲臣鉉等曰今俗別作髭非是即移切 𩑛 頰須也从須从冄冄亦聲臣鉉等曰今俗別作髯非是汝鹽切 䫇 須髮
半白也从須卑聲府移切 頿 短須髮皃从須否聲敷悲切 文五
彡 毛飾畫文也象形凡彡之屬皆从彡 所銜切
形 象形也从彡幵聲戶經切 㐱 稠髮也从彡从人詩曰㐱髮如雲之忍切 鬒 㐱或从髟真聲 修 飾也从
彡攸聲息流切 彰 文彰也从彡从章章亦聲諸良切 彫 琢文也从彡周聲都僚切 𢒈 清飾也从彡青聲疾郢切 㣎
細文也从彡𡭴省聲莫卜切 弱 橈也上象橈曲彡象毛氂橈弱也弱物并故从二弓而勺切 文九 重一

彩 文章也从彡采聲倉宰切

文一 新附

彣 䵗也从彡从文凡彣之屬皆从彣 無分切

彥 美士有文人所言也从彣厂聲魚變切

文二

文 錯畫也象交文凡文之屬皆从文 無分切

斐 分別文也从文非聲易曰君子豹變其文斐也敷尾切

辬 駁文也从文辡聲布還切

嫠 微畫也从文𠩺聲里之切

文四

髟 長髮猋猋也从長从彡凡髟之屬皆从髟 必凋切又所銜切

髮 根也从髟犮聲方伐切

䯻 髮或从首

[古文] 古文

鬢 頰髮也从髟賓聲必刃切

鬗 髮長也从髟㒼聲讀若蔓母官切

䰃 髮長也从髟監聲讀若春秋黑肱以濫來奔魯甘切

⿱髟差 髮好也从髟差千可切

鬈 髮好也从髟卷聲詩曰其人美且鬈衢員切

髦 髮也从髟从毛莫袍切

⿱髟臱 髮皃从髟臱聲讀若宀莫賢切

⿱髟周 髮多也从髟周聲直由切

䰍 髮皃从髟爾聲讀若江南謂酢母爲䰍奴礼切

⿱髟咅 髮皃从髟咅聲步矛切

⿱髟敄 髮至眉也从髟敄聲詩曰紞彼兩⿱髟敄亡牢切

髳 ⿱髟敄或省漢令有髳長

鬋 女鬢垂皃从髟前聲作踐切

鬑 鬋也一曰長皃从髟兼聲讀若慊力鹽切

⿱髟截 束髮少也从髟截聲子結切

鬄 髲也从髟易聲先彳切又大計切

髢 鬄或从也聲

髲 鬄也从髟皮聲平義切

䯸 用梳比也从髟次聲七四切

髺 潔髮也从髟昏聲古活切

䰉 臥結也从髟般聲讀若槃薄官切

⿱髟付 髻也从髟付聲方遇切

⿱髟莫 帶結飾也从髟莫聲莫駕切

⿱髟貴 屈髮也从髟貴聲丘媿切

⿱髟介 簪結也从髟介聲古拜切

鬣 髮鬣鬣也从髟巤聲良涉切

⿰毛巤 鬣或从毛

⿰豕巤 或从豕

⿱髟盧 鬣也从髟盧聲洛乎切

髴 髴若似也从髟弗聲敷勿切

⿱髟茸 亂髮也从髟茸省聲而容切

鬌 髮隋也从髟隋省直追切

鬊 鬄髮也从髟春聲舒閏切

鬜 鬢禿也从髟閒聲苦閑切

⿱髟剔 鬄髮也从髟从刀易聲他歷切

髡 鬄髮也从髟兀聲苦昆切

髨 或从元

鬀 鬄髮也从髟弟聲大人曰髡小人曰鬀盡及身毛曰鬄臣鉉等曰今俗別作剃非是他計切

⿱髟並 [illegible]也从髟並聲蒲浪切

⿱髟彔 監也忽見也从髟彔聲彔籀文魅亦忽見意芳未切

髽 喪結禮女子髽衰弔則不髽魯臧武仲與齊戰于狐鮐魯人迎喪者始髽从髟坐聲莊華切

文三十八 重六

鬐 馬鬣也从髟耆聲渠脂切 髫 小兒垂結也从髟召聲徒聊切 髻 總髮也从髟吉聲古通用結古詣切 鬟 總髮也从髟睘聲 案古婦人首飾琢玉爲兩環此二字皆後人所加戶關切

文四 新附

后 繼體君也象人之形施令以告四方故厂之从一口發號者君后也凡后之屬皆从后 胡口切

㖃 厚怒聲从口后后亦聲呼后切

文二

司 臣司事於外者从反后凡司之屬皆从司 息茲切

詞 意內而言外也从司从言似茲切

文二

卮 圜器也一名觛所以節飲食象人卩在其下也易曰君子節飲食凡卮之屬皆从卮 章移切

⿰卮專 小卮有耳蓋者从卮專聲市沇切 ⿰卮耑 小卮也从卮耑聲讀若捶擊之捶旨沇切

文三

卩 瑞信也守國者用玉卩守都鄙者用角卩使山邦者用虎卩土邦者用人卩澤邦者用龍卩門關者用符卩貨賄用璽卩道路用旌卩象相合之形凡卩之屬皆从卩 子結切

令 發號也从亼卩徐鍇曰號令者集而爲之卩制也力正切 㔭 輔信也从卩比聲虞書曰㔭成五服毗必切 卶 有大度也从卩多聲讀若侈充豉切 𠨘 宰之也从卩必聲兵媚切 卲 高也从卩召聲寔照切 厄 科厄木節也从卩厂聲賈侍中說以爲厄裹也一曰厄蓋也臣鉉等曰厂非聲未詳五果切 厀 脛頭卩也从卩桼聲臣鉉等曰今俗作膝非是息七切 卷 厀曲也从卩𢍏聲居轉切 卻 節欲也从卩谷聲去約切 卸 舍車解馬也从卩止午讀若汝南人寫書之寫臣鉉等曰午馬也故从午司夜切 𠨍 二卩也巽从此闕士戀切 𠬛 卩也闕則候切

文十三

印 執政所持信也从爪从卩凡印之屬皆从印 於刃切

𠨘　按也。从反印。於棘切　抑　俗从手

色　顏气也。从人从卪。凡色之屬皆从色。所力切

文二　重一

𢒼　古文　艴　色艴如也。从色弗聲。論語曰：色艴如也。蒲沒切　䒪　縹色也。从色并聲。普丁切

文三　重一

卯　事之制也。从卪、𠬝。凡卯之屬皆从卯。闕。去京切

卿　章也。六卿：天官冢宰、地官司徒、春官宗伯、夏官司馬、秋官司寇、冬官司空。从卯皀聲。去京切

文二

辟　法也。从卪从辛，節制其辠也；从口，用法者也。凡辟之屬皆从辟。必益切

𨐨　治也。从辟从井。周書曰：我之不𨐨。必益切　𡴀　治也。从辟乂聲。虞書曰：有能俾𡴀。魚廢切

文三

勹　裹也。象人曲形，有所包裹。凡勹之屬皆从勹。布交切

𠣾　曲脊也。从勹，䈹省聲。巨六切　匍　手行也。从勹甫聲。簿乎切　匐　伏地也。从勹畐聲。蒲北切　匊　在手曰匊。从勹、米。臣鉉等曰：今俗作掬，非是。居六切　勻　少也。从勹、二。羊倫切　勼　聚也。从勹九聲。讀若鳩。居求切　旬　徧也。十日爲旬。从勹、日。詳遵切　𠣒　古文　勽　覆也。从勹覆人。薄皓切　匈　聲也。从勹凶聲。許容切　胷　匈或从肉　𠣞　帀徧也。从勹舟聲。職流切　匌　帀也。从勹从合，合亦聲。侯閤切　匓　飽也。从勹𣪘聲。民祭，祝曰：厭匓。己又切，又乙庚切　𠣛　重也。从勹復聲。扶富切　（或省彳）　冢　高墳也。从勹豕聲。知隴切

文十五　重三

包　象人裹妊，巳在中，象子未成形也。元气起於子。子，人所生也。男左行三十，女右行二十，俱立於巳，爲夫婦。裹妊於巳，巳爲子，十月而生。男起巳至寅，女起巳至申。故男秊始寅，女秊始申也。凡包之屬皆从包。布交切

胞　兒生裹也。从肉从包。匹交切　匏　瓠也。从包，从夸聲。包，取其可包藏物也。薄交切

文三

說文解字弟九下

漢太尉祭酒許愼記

宋右散騎常侍徐鉉等校定

四十六部　四百九十六文　重六十三　凡七千二百四十七字　文十八新附

山　宣也。宣气散，生萬物，有石而高。象形。凡山之屬皆从山。所閒切

嶽　東，岱；南，靃；西，華；北，恆；中，泰室。王者之所以巡狩所至。从山獄聲。五角切　岳　古文，象高形。

岱　太山也。从山代聲。徒耐切

島　海中往往有山可依止，曰島。从山鳥聲。讀若詩曰「蔦與女蘿」。都皓切

嶧　葛嶧山，在東海下邳。从山睪聲。夏書曰：「嶧陽孤桐。」羊益切

嵎　封嵎之山，在吳楚之閒，汪芒之國。从山禺聲。噳俱切

嶷　九嶷山，舜所葬，在零陵營道。从山疑聲。語其切

崋　山，在弘農華陰。从山，華省聲。胡化切

崵　崵山，在遼西。从山昜聲。一曰嵎銕崵谷也。與章切

岵　山有草木也。从山古聲。詩曰：「陟彼岵兮。」侯古切

屺　山無草木也。从山己聲。詩曰：「陟彼屺兮。」墟里切

嶨　山多大石也。从山，學省聲。胡角切

嶅　山多小石也。从山敖聲。五交切

岨　石戴土也。从山且聲。詩曰：「陟彼岨矣。」七余切

岡　山骨也。从山网聲。古郎切

岑　山小而高。从山今聲。鉏箴切

崟　山之岑崟也。从山金聲。魚音切

崒　危高也。从山卒聲。醉綏切

巒　山小而銳。从山䜌聲。洛官切

密　山如堂者。从山宓聲。美畢切

岫　山穴也。从山由聲。似又切　㠀　籀文从穴。

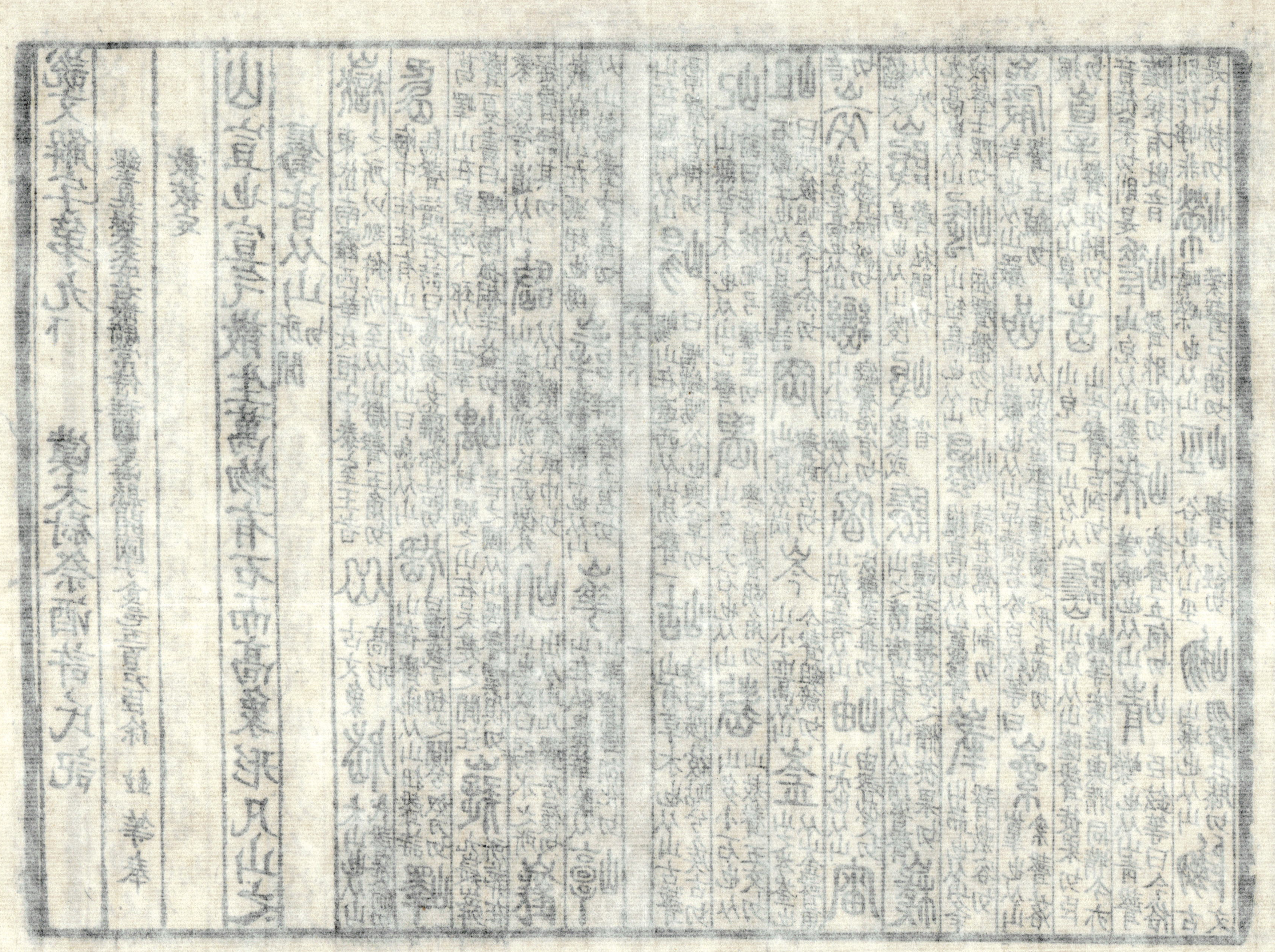

从𠂤

岪 山脅道也从山弗聲敷勿切

嶅 山名从山敖聲五遇切

嶢 焦嶢山高皃从山堯聲古僚切

嶈 山陵也从山戕聲慈良切

嵏 九嵏山在馮翊谷口从山㚇聲子紅切

岊 陬隅高山之節从山从卪子結切

崇 嵬高也从山宗聲鉏弓切

崔 大高也从山隹聲昨回切

文五十三　重四

嶙 嶙峋深崖皃从山粦聲力珍切

峋 嶙峋也从山旬聲相倫切

岌 山高皃从山及聲魚汲切

嶠 山銳而高也从山喬聲古通用喬渠廟切

嵌 山深皃从山欺省聲口銜切

嶼 島也从山與聲徐呂切

嶺 山道也从山領聲良郢切

嵐 山名从山葻省聲盧含切

嵩 中岳嵩高山也从山从高亦从松韋昭國語注云古通用崇字息弓切

崑 崑崙山名从山昆聲漢書揚雄文通用昆侖古渾切

崙 崑崙也从山侖聲盧昆切

嵇 山名从山稽省聲奚氏避難特造此字非古胡雞切

文十二　新附

屾 二山也凡屾之屬皆从屾所臻切

嵞 會稽山一曰九江當嵞也民以辛壬癸甲之日嫁娶从屾余聲虞書曰予娶嵞山同都切

文二

屵 岸高也从山厂厂亦聲凡屵之屬皆从屵五葛切

㟁 水厓而高者从屵干聲五旰切

崖 高邊也从屵圭聲五佳切

𡿁 高也从屵隹聲都回切

嶏 崩也从屵肥聲符鄙切

⿱山⿸厂配 崩聲从屵配聲讀若費蒲沒切

文六

广 因广為屋象對刺高屋之形凡广之屬皆从广讀若儼然之儼魚儉切

府 文書藏也从广付聲臣鉉等曰今藏腑字俗書从肉非是方矩切

廱 天子饗飲辟廱从广雝聲於容切

庠 禮官養老夏曰校殷曰庠周曰序从广羊聲似陽切

廬 寄也秋冬去春夏居从广盧聲力居切

庭 宮中也从广廷聲特丁切

廇 中庭也从广畱聲力救切

庉 樓牆也从广屯聲徒損切

庌 廡也从广牙聲周禮曰夏庌馬五下切

廡 堂下周屋从广無聲文甫切

𢋊 籒文从舞

⿸广虜 廡也从广虜聲讀若鹵郎古切

庖 廚也从广包聲薄交切

廚 庖屋也从广尌聲直株切

庫 兵車藏也从車在广下苦故切

廄 馬舍也从广㲃聲周禮曰馬有二百十四匹為廄廄有僕夫居又切

⿸广九 古文从九

序 東西牆也从广予聲徐呂切

廦 牆也从广辟聲比激切

廣 殿之大屋也从广黃聲古晃切

廥 芻藁之藏从广會聲古外切

墮之从石折聲周禮曰有硩蔟氏丑列切

䃂 以石扞繒也从石延聲尺戰切

碎 䃺也从石卒聲蘇對切

破 石碎也从石皮聲普過切

礱 䃺也从石龍聲天子之桷椓而礱之盧紅切

研 䃺也从石幵聲五堅切

䃺 石磑也从石靡聲模卧切

磑 䃺也从石豈聲古者公輸班作磑五對切

碓 舂也从石隹聲都隊切

䃅 舂已復擣之曰䃅从石沓聲徒合切

磻 以石箸隿繳也从石番聲博禾切

䂼 斫也从石箸聲張略切

硯 石滑也从石見聲五甸切

砭 以石刺病也从石乏聲方影切又方驗切

䃒 石也惡也从石鬲聲下革切

砢 磊砢也从石可聲來可切

磊 衆石也从三石落猥切

文四十九 重五

礪 䃺也从石厲聲經典通用厲力制切

碏 左氏傳衞大夫石碏唐韻云敬也从石昔聲七削切

磯 大石激水也从石幾聲居衣切

碌 石皃从石彔聲盧谷切

砧 石柎也从石占聲知林切

砌 階甃也从石切聲千計切

礩 柱下石也从石質聲之日切

礎 礩也从石楚聲創舉切

硾 擣也从石垂聲直類切

文九 新附

長 久遠也从兀从匕兀者高遠意也久則變化亡聲亡者倒亡也凡長之屬皆从長 臣鉉等曰倒亡不亡也長久之義也直良切

𠏿 古文長

𠑷 亦古文長

肆 極陳也从長隶聲息利切

𨱕 或从髟

镾 久長也从長爾聲武夷切

𨱖 蛇惡毒長也从長失聲徒結切

文四 重三

勿 州里所建旗象其柄有三游雜帛幅半異所以趣民故遽稱勿勿凡勿之屬皆从勿 文弗切

㫚 勿或从㫃

昜 開也从日一勿一曰飛揚一曰長也一曰彊者衆皃與章切

文二 重一

冄 毛冄冄也象形凡冄之屬皆从冄 而琰切

文一

而 頰毛也象毛之形周禮曰作其鱗之而凡而之屬皆从而 臣鉉等曰今俗別作髵非是如之切

耏 罪不至髡也从而从彡 奴代切

耐 或从寸諸法度字从寸

文二 重一

豕 彘也竭其尾故謂之豕象毛足而後有尾讀

[illegible]也[illegible]

[illegible]

[illegible]文[illegible]重一

[illegible]也[illegible]从[illegible]

[illegible]从大[illegible]凡[illegible]之屬皆从[illegible]

[illegible]从[illegible]重一

[illegible]

[illegible]文四[illegible]重[illegible]

[illegible]古文[illegible]

[illegible]

[illegible]

[illegible]

[illegible]

[illegible]

[illegible]

[illegible]

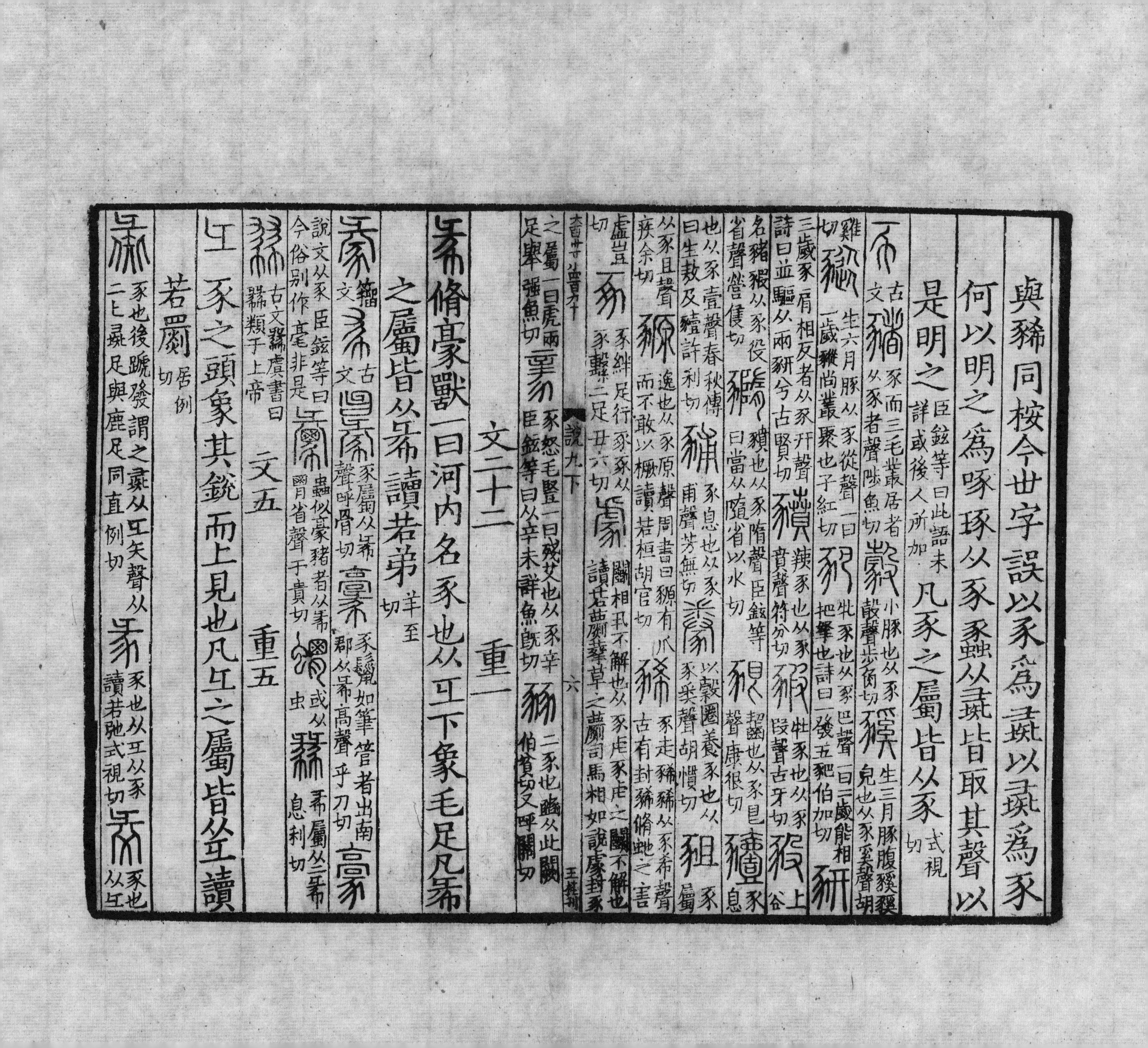

與豨同桉今世字誤以豕爲彘以彘爲豕
何以明之爲啄琢从豕蟸从彘皆取其聲以
是明之臣鉉等曰此語未詳或後人所加凡豕之屬皆从豕式視切
古文 豕而三毛叢居者从豕者聲陟魚切 小豚也从豕𣪊聲步角切 生三月豚腹豯豯皃也从豕奚聲胡
雞切 生六月豚从豕從聲一曰一歲豵尚叢聚也子紅切 牝豕也从豕巴聲一曰二歲能相把拏也詩曰一發五豝伯加切
三歲豕肩相反者从豕开聲詩曰並驅从兩豣兮古賢切 羠豕也从豕賁聲符分切 牡豕也从豕叚聲古牙切 上谷
名豬豛从豕役省聲營隻切 豶也从豕隋聲臣鉉等曰當从隨省以水切 齧也从豕皀聲康很切 豕息
也从豕壹聲春秋傳曰生敖及豷許利切 豕息也从豕甫聲芳無切 以穀圈養豕也从豕𢍏聲胡慣切 豕屬
从豕且聲疾余切 逸也从豕原聲周書曰豲有爪而不敢以撅讀若桓胡官切 豕走豨豨从豕希聲古有封豨脩蛇之害
虛豈切 豕絆足行豕豕从豕繫二足丑六切 鬭相丮不解也从豕虍豕虍之鬭不解也讀若蘮蒘草之蘮司馬相如說豦封豕

之屬一曰虎兩足舉強魚切 豕怒毛豎一曰殘艾也从豕辛臣鉉等曰从辛未詳魚既切 二豕也豳从此闕伯貧切又呼關切

文二十二 重一

脩豪獸一曰河內名豕也从彑下象毛足凡㣇之屬皆从㣇讀若弟羊至切
籀文 古文 豕屬从㣇聲呼骨切 豕鬣如筆管者出南郡从㣇高聲乎刀切 豪
說文从豕臣鉉等曰今俗別作毫非是 蟲似豪豬者从㣇胃省聲于貴切 或从虫 㣇屬从二㣇息利切
古文𧰨虞書曰𧰨類于上帝

文五 重五

豕之頭象其銳而上見也凡彑之屬皆从彑讀若罽居例切
豕也後蹏發謂之彘从彑矢聲从二匕彘足與鹿足同直例切 豕也从彑从豕讀若弛式視切 豕也从彑

[illegible]同音[illegible]从[illegible]

古文[illegible]

[illegible]凡[illegible]之屬皆从[illegible]

[illegible]文五　重五

[illegible]

[illegible]曰[illegible]凡[illegible]之屬皆从[illegible]

文十二　重一

[illegible]

是明之[illegible]

何以明之[illegible]

[illegible]同[illegible]今[illegible]

下象其足讀若瑕乎加切 彖 豕走也从彑从豕省通貫切

文五

豚 小豕也从彖省象形从又持肉以給祠祀凡豚之屬皆从豚徒魂切

𧱓 篆文从肉豕 䝐 豚屬从豚衛聲讀若罽于歲切

文二 重一

豸 獸長脊行豸豸然欲有所司殺形凡豸之屬皆从豸池爾切 司殺讀若伺候之伺

豹 似虎圜文从豸勺聲北教切 貙 貙獌似貍者从豸區聲敕俱切 貚 貙屬也从豸單聲徒干切 貔 豹屬出貉國从豸毘聲詩曰獻其貔皮周書曰如虎如貔貔猛獸房脂切 豼 或从比 豺 狼屬狗聲从豸才聲士皆切 貐 猰貐似貙虎爪食人迅走从豸俞聲以主切 貘 似熊而黃黑色出蜀中从豸莫聲莫白切 䝻 猛獸也从豸庸聲余封切 貜 㹶貜也从豸矍聲王縛切 貀 獸無前足从豸出聲漢律能捕豺貀購百錢女滑切 貈 似狐善睡獸从豸舟聲論語曰狐貈之厚以居臣鉉等曰舟非聲未詳下各切

豻 胡地野狗从豸干聲五旰切 犴 豻或从犬詩曰宜犴宜獄 貂 鼠屬大而黃黑出胡丁零國从豸召聲都僚切 貉 北方豸種从豸各聲孔子曰貉之爲言惡也莫白切 貆 貉之類从豸亘聲胡官切 貍 伏獸似貙从豸里聲里之切 貒 獸也从豸耑聲讀若湍他耑切 貛 野豕也从豸雚聲呼官切 貁 鼠屬善旋从豸穴聲余救切

文二十 重二

貓 貍屬从豸苗聲莫交切

文一 新附

𤉡 如野牛而青象形與禽离頭同凡𤉡之屬皆从𤉡徐姊切 兕 古文从儿

文一 重一

易 蜥易蝘蜓守宮也象形祕書說日月爲易象陰陽也一曰从勿凡易之屬皆从易羊益切

文一

象 長鼻牙南越大獸三秊一乳象耳牙四足之

說文解字弟十上　漢太尉祭酒許慎記

銀青光祿大夫守右散騎常侍上柱國東海縣開國子食邑五百戶臣徐鉉等奉

敕校定

四十部　八百一十文　重八十七

凡萬四字

文三十一新附

馬　怒也武也象馬頭髦尾四足之形凡馬之屬皆从馬　莫下切

古文　籀文馬與影同有髦

騭　牡馬也从馬陟聲讀若郅之日切

𩡧　馬一歲也从馬一絆其足讀若弦一曰若環戶關切

駒　馬二歲曰駒三歲曰駣从馬句聲舉朱切

𩡩　馬八歲也从馬从八博拔切

𩦠　馬一目白曰𩦠二目白曰魚从馬閒聲戶閒切

騏　馬青驪文如博棊也从馬其聲渠之切

驪　馬深黑色从馬麗聲呂支切

駽　青驪馬从馬肙聲詩曰駜彼乘駽火玄切

騩　馬淺黑色从馬鬼聲俱位切

騮　赤馬黑毛尾也从馬留聲力求切

騢　馬赤白雜毛从馬叚聲謂色似鰕魚也乎加切

騅　馬蒼黑雜毛从馬隹聲職追切

駱　馬白色黑鬣尾也从馬各聲盧各切

駰　馬陰白雜毛黑从馬因聲詩曰有駰有騢於真切

驄　馬青白雜毛也从馬悤聲倉紅切

驈　驪馬白胯也从馬矞聲詩曰有驈有騜食聿切

駹　馬面顙皆白也从馬尨聲莫江切

騧　黃馬黑喙从馬咼聲古華切　𩦺　籀文騧

驃　黃馬發白色一曰白髦尾也从馬𤋲聲毗召切

駓　黃馬白毛也从馬丕聲敷悲切

驖　馬赤黑色从馬𢧜聲詩曰四驖孔阜他結切

駻　馬頭有發赤色者从馬岸聲五旰切

馰　馬白頟也从馬的省聲一曰駿也易曰為的顙都歷切

駁　馬色不純从馬爻聲臣鉉等曰爻非聲疑象駁文北角切

馵　馬後左足白也从馬二其足讀若注之戍切

驔　驪馬黃脊从馬覃聲讀若簟徒玷切

驠　馬白州也从馬燕聲於甸切

騽　馬豪骭也从馬習聲似入切

䮧　馬毛長也从馬倝聲侯旰切

騛　馬逸足也从馬从飛司馬法曰飛衞斯輿甫微切

驁　駿馬以壬申日死乘馬忌之从馬敖聲五到切

驥　千里馬也孫陽所相者从馬冀聲天水有驥縣几利切

駿　馬之良材者从馬夋聲子峻切

驍　良馬也从

四十部　八百一十文　重八十七

說文解字弟十下　漢太尉祭酒許慎記

馬堯聲古堯切
⿰馬垂 馬小皃从馬垂聲讀若箠之壘切
⿰馬𠂹 籒文⿰馬垂从𠂹
驕 馬高六尺爲驕从馬喬聲詩曰我馬唯驕一曰野馬舉喬切
騋 馬七尺爲騋八尺爲龍从馬來聲詩曰騋牝驪牡洛哀切
驩 馬名从馬雚聲呼官切
驗 馬名从馬僉聲魚窆切
⿰馬此 馬名从馬此聲雌氏切
⿰馬休 馬名从馬休聲許尤切
馼 馬赤鬣縞身目若黃金名曰媽吉皇之乘周文王時犬戎獻之从馬从文文亦聲春秋傳曰媽馬百駟畫馬也西伯獻紂以全其身無分切
馶 馬彊也从馬支聲章移切
駜 馬飽也从馬必聲詩云有駜有駜毗必切
駫 馬盛肥也从馬光聲詩曰四牡駫駫古熒切
騯 馬盛也从馬旁聲詩曰四牡騯騯薄庚切
⿰馬卬 ⿰馬卬⿰馬卬馬怒皃从馬卬聲吾浪切
驤 馬之低仰也从馬襄聲息良切
驀 上馬也从馬莫聲莫白切
騎 跨馬也从馬奇聲渠羈切
駕 馬在軛中从馬加聲古訝切
⿰馬各 籒文駕
騑 驂旁馬从馬非聲甫微切
駢 駕二馬也从馬幷聲部田切
驂 駕三馬也从馬參聲倉含切
駟 一乘也从馬四聲息利切
駙 副馬也从馬付聲一曰近也一曰疾也符遇切
⿰馬皆 馬和也从馬皆聲戶皆切
騀 馬搖頭也从馬我聲五可切
駊 駊騀也从馬皮聲普火切
⿰馬舀 馬行皃从馬舀聲土刀切
篤 馬行頓遲从馬竹聲冬毒切
騤 馬行威儀也从馬癸聲詩曰四牡騤騤渠追切
⿰馬𦥯 馬行徐而疾也从馬學省聲於角切
駸 馬行疾也从馬侵省聲詩曰載驟駸駸子林切
馺 馬行相及也从馬从及讀若爾雅小山馺大山峘穌荅切
馮 馬行疾也从馬仌聲臣鉉等曰本音皮冰切經典通用爲依馮之馮今別作凭非是房戎切
⿰馬耴 馬步疾也从馬耴聲足輒切
騃 馬行仡仡也从馬矣聲五駭切
驟 馬疾步也从馬聚聲鉏又切
⿰馬匃 馬疾走也从馬匃聲古達切
颿 馬疾步也从馬風聲臣鉉等曰舟船之颿本用此字今別作帆非是符嚴切
驅 馬馳也从馬區聲豈俱切
敺 古文驅从攴
馳 大驅也从馬也聲直离切
騖 亂馳也从馬敄聲亡遇切
⿰馬列 次弟馳也从馬列聲力制切
騁 直馳也从馬甹聲丑郢切
駾 馬行疾來皃从馬兌聲詩曰昆夷駾矣他外切
⿰馬失 馬有疾足从馬失聲大結切
駻 馬突也从馬旱聲侯旰切
駧 馳馬洞去也从馬同聲徒弄切
驚 馬駭也从馬敬聲舉卿切
駭 驚也从馬亥聲侯楷切
⿰馬巟 馬奔也从馬巟聲呼光切
騫 馬腹縶也从馬寒省聲去虔切
駐 馬立也从馬主聲中句切
馴 馬順也从馬川聲詳遵切
駗 馬載重難也从馬㐱聲張人切
驙 駗驙也从馬亶聲易曰乘馬驙如張連切
騺 馬重皃从馬執聲陟利切
驧 馬曲脊也从馬鞠聲巨六切
騬 犗馬也从馬乘聲食陵切
⿰馬介 系馬尾也从馬介聲古拜切
騷 擾也一曰摩馬从馬蚤聲穌遭切
馽 絆馬也从馬口其足春秋傳曰韓厥執馽前讀若輒陟立切
縶 馽或从糸執聲
駘 馬銜脫也从馬台聲徒哀切
駔 牡馬也从馬且聲一曰馬蹲駔也子朗切
⿰馬中

廄御也从馬芻聲側鳩切 驛 置騎也从馬睪聲羊益切 馹 驛傳也从馬日聲人質切 騰 傳也从馬朕聲一曰騰犗馬也徒登切 䮤 苑名一曰馬白額从馬隺聲下各切 駉 牧馬苑也从馬冋聲詩曰在駉之野古熒切 駪 馬衆多皃从馬先聲所臻切 駮 獸如馬倨牙食虎豹从馬交聲北角切 駃 駃騠馬父驘子也从馬夬聲古穴切 騠 駃騠也从馬是聲杜兮切 驘 驢父馬母从馬𦝫聲洛戈切 騾 或从嬴 驢 似馬長耳从馬盧聲力居切 𩣡 驢子也从馬冡聲莫紅切 驒 驒騱野馬也从馬單聲一曰青驪白鱗文如鼉魚代何切 騱 驒騱馬也从馬奚聲胡雞切 騊 騊駼北野之良馬从馬匋聲徒刀切 駼 騊駼也从馬余聲同都切 驫 衆馬也从三馬甫虯切

文一百一十五 重八

駛 疾也从馬吏聲疏吏切 駥 馬高八尺从馬戎聲如融切 騣 馬鬣也从馬㚇聲子紅切 馱 負物也从馬大聲此俗語也唐佐切 騂 馬赤色也从馬觲省聲息營切

文五 新附

廌 解廌獸也似山牛一角古者決訟令觸不直象形从豸省凡廌之屬皆从廌 宅買切

𢊁 解廌屬从廌孝聲闕古孝切 薦 獸之所食艸从廌从艸古者神人以廌遺黃帝帝曰何食何處曰食薦夏處水澤冬處松柏 灋 刑也平之如水从水廌所以觸不直者去之从去方乏切 法 今文省 佱 古文

文四 重二

鹿 獸也象頭角四足之形鳥鹿足相似从匕凡鹿之屬皆从鹿 盧谷切

麚 牡鹿从鹿叚聲以夏至解角古牙切 麟 大牡鹿也从鹿粦聲力珍切 䴰 鹿麛也从鹿耎聲讀若偄弱之偄奴亂切 䴱 鹿迹也从鹿速聲桑谷切 麛 鹿子也从鹿弭聲莫兮切 麉 鹿之絕有力者从鹿幵聲古賢切 麒 仁獸也麇身牛尾一角从鹿其聲渠之切 麐 牝麒也从鹿吝聲力珍切 麋 鹿屬从鹿米聲麋冬至解其角武悲切 麎 牝麋也从鹿辰聲植鄰切 𪊺 大麇也狗足从鹿旨聲居履切 麂 或从几 麇 麞也从鹿囷省聲居筠切 麏 籀文不省 麞 麋屬从鹿章聲諸良切 麔 麋牡者从鹿咎聲其久切 麠 大鹿也牛尾一角从鹿畺聲舉卿切 麖

[illegible]

文四 [illegible]

[illegible]

文二十[illegible] 重八

[illegible]

或从京
麃 麞屬从鹿㶾省聲薄交切
麈 麋屬从鹿主聲之庾切
麑 狻麑獸也从鹿兒聲五雞切
麙 山羊而大者細角从鹿咸聲胡毚切
麢 大羊而細角从鹿霝聲郎丁切
䴥 鹿屬从鹿圭聲古攜切
麝 如小麋臍有香从鹿䠶聲神夜切
䴢 似鹿而大也从鹿與聲羊茹切
麗 旅行也鹿之性見食急則必旅行从鹿丽聲禮麗皮納聘蓋鹿皮也郎計切
丽 古文 丽 篆文麗字
麀 牝鹿也从鹿从牝省於虯切
麀 或从幽聲

文二十六　重六

麤 行超遠也从三鹿凡麤之屬皆从麤倉胡切
𪋻 鹿行揚土也从麤从土直珍切
塵 籀文

文二　重一

㲋 獸也似兔青色而大象形頭與兔同足與鹿同凡㲋之屬皆从㲋丑略切
㲋 篆文
毚 狡兔也兔之駿者从㲋兔士咸切
⿱㲋吾 獸名从㲋吾聲讀若寫司夜切
⿱㲋夬 獸也似牲牲从㲋夬聲古穴切

文四　重一

兔 獸名象踞後其尾形兔頭與㲋頭同凡兔之屬皆从兔湯故切
逸 失也从辵兔兔謾訑善逃也夷質切
冤 屈也从兔从冂兔在冂下不得走益屈折也於袁切
娩 兔子也娩疾也从女兔芳萬切
⿱兔⿰兔兔 疾也从三兔闕芳遇切

文五

⿰兔夋 狡兔也从兔夋聲七旬切

文一　新附

萈 山羊細角者从兔足苜聲凡萈之屬皆从萈讀若丸寬字从此臣鉉等曰苜徒結切非聲疑象形胡官切

文一

犬 狗之有縣蹏者也象形孔子曰視犬之字如畫狗也凡犬之屬皆从犬苦泫切

凡大之屬皆从大

文二

文二十六

狗 孔子曰狗叩也叩气吠以守从犬句聲古厚切
獀 南越名犬獿獀从犬叜聲所鳩切
尨 犬之多毛者从犬从彡詩曰無使尨也吠莫江切
狡 少狗也从犬交聲匈奴地有狡犬巨口而黑身古巧切
獪 狡獪也从犬會聲古外切
㺜 犬惡毛也从犬農聲奴刀切
猲 短喙犬也从犬曷聲詩曰載獫猲獢爾雅曰短喙犬謂之猲獢許謁切
獢 猲獢也从犬喬聲許嬌切
獫 長喙犬一曰黑犬黃頭从犬僉聲虛檢切
⿰犭主 黃犬黑頭从犬主聲讀若注之戍切
猈 短脛狗从犬卑聲薄蟹切
猗 犗犬也从犬奇聲於離切
狊 犬視皃从犬目古闃切
⿰犭音 竇中犬聲从犬从音音亦聲乙咸切
默 犬暫逐人也从犬黑聲讀若墨莫北切
猝 犬从艸暴出逐人也从犬卒聲麤沒切
猩 猩猩犬吠聲从犬星聲桑經切
⿰犭兼 犬吠不止也从犬兼聲讀若檻一曰兩犬爭也胡黯切
⿰犭敢 小犬吠从犬敢聲南陽新亭有⿰犭敢鄉荒檻切
猥 犬吠聲从犬畏聲烏賄切
獿 優獿也从犬夒聲女交切
㹱 犬獿獿咳吠也从犬㕯聲火包切
⿰犭參 犬容頭進也从犬參聲一曰賊疾也山檻切
獎 嗾犬厲之也从犬將省聲即兩切
⿰犭戔 齧也从犬戔聲初版切
⿰犭刪 惡健犬也从犬刪省聲所晏切
狠 吠鬭聲从犬艮聲五還切
⿰犭番 犬鬭聲从犬番聲附袁切
狋 犬怒皃从犬示聲一曰犬難得代郡有狋氏縣讀又若銀語其切
⿰犭斤 犬吠聲从犬斤聲語斤切
獡 犬獡獡不附人也从犬舄聲南楚謂相驚曰獡讀若愬式略切
獷 犬獷獷不可附也从犬廣聲漁陽有獷平縣古猛切
狀 犬形也从犬爿聲鉏亮切
⿰犭壯 妄彊犬也从犬从壯壯亦聲徂朗切
獒 犬如人心可使者从犬敖聲春秋傳曰公嗾夫獒五牢切
獳 怒犬皃从犬需聲讀若耨奴豆切又乃侯切
狧 犬食也从犬从舌讀若比目魚鰈之鰈他合切
狎 犬可習也从犬甲聲胡甲切
狃 犬性驕也从犬丑聲女久切
犯 侵也从犬巳聲防險切
猜 恨賊也从犬青聲倉才切
猛 健犬也从犬孟聲莫杏切
犺 健犬也从犬亢聲苦浪切
⿰犭去 多畏也从犬去聲去劫切
怯 杜林說⿰犭去从心
獜 健也从犬粦聲詩曰盧獜獜力珍切
獧 疾跳也一曰急也从犬瞏聲古縣切
倏 走也从犬攸聲讀若叔式竹切
狟 犬行也从犬亘聲周書曰尚狟狟胡官切
犻 過弗取也从犬市聲讀若孛蒲沒切
⿰犭易 犬張耳皃从犬易聲陟革切
猌 犬張齗怒也从犬來聲讀又若銀魚僅切
犮 走犬皃从犬而丿之曳其足則剌犮也蒲撥切
戾 曲也从犬出戶下戾者身曲戾也郎計切
獨 犬相得而鬭也从犬蜀聲羊為羣犬為獨也一曰北嚻山有獨⿰犭谷獸如虎白身豕鬣尾如馬徒谷切
⿰犭谷 獨⿰犭谷獸也从犬谷聲余蜀切
獮 秋田也从犬璽聲息淺切
⿰豕示 獮或从豕宗廟之田也故从豕示
獵 放獵逐禽也从犬巤聲良涉切
獠 獵也从犬尞聲力昭切
狩 犬田也从犬守聲易曰明夷于南狩書究切
臭 禽走臭而

知其迹者犬也从犬从自臣鉉等曰古鼻字犬走以鼻知臭故从自尺救切 獲 獵所獲也从犬蒦聲胡伯切 獘 頓仆也从犬敝聲春秋傳曰

與犬犬獘毗祭切 斃 獘或从死 獻 宗廟犬名羹獻犬肥者以獻之从犬鬳聲許建切 ⿰犭幵 獟犬也从犬幵聲一曰逐虎犬也五甸切

獟 狃犬也从犬堯聲五弔切 狾 狂犬也从犬折聲春秋傳曰狾犬入華臣氏之門征例切 狂 狾犬也从犬㞷聲巨王切

㤮 古文从心 類 種類相似唯犬爲甚从犬頪聲力遂切 狄 赤狄本犬種狄之爲言淫辟也从犬亦省聲徒歷切 狻

狻麑如虦貓食虎豹者从犬夋聲見爾雅素官切 玃 母猴也从犬矍聲爾雅云玃父善顧攫持人也俱縛切 猶 玃屬从犬酋聲

一曰隴西謂犬子爲猷以周切 狙 玃屬从犬且聲一曰狙犬也暫齧人者一曰犬不齧人也親去切 猴 夒也从犬侯聲乎溝切 ⿰犭𣪊

犬屬腰已上黃腰已下黑食母猴从犬𣪊聲讀若構或曰𣪊似牂羊出蜀北囂山中犬首而馬尾火屋切 狼 似犬銳頭白頰高前廣後从犬良聲魯當

切 狛 如狼善驅羊从犬白聲讀若蘗甯嚴讀之若淺泊匹各切 獌 狼屬从犬曼聲爾雅曰貙獌似貍舞販切 狐 䄏獸也鬼

所乘之有三德其色中和小前大後死則丘首从犬瓜聲戶吳切 獺 如小狗也水居食魚从犬賴聲他達切 猵 獺屬从犬扁聲布玄切 獱

或从賓 猋 犬走皃从三犬甫遙切

文八十三 重五

狘 獸走皃从犬戉聲許月切 ⿰犭韋 獸名从犬韋聲許韋切 狷 褊急也从犬肙聲古縣切 猰 猰貐獸名从犬契聲烏黠切

文四 新附

㹜 兩犬相齧也从二犬凡㹜之屬皆从㹜 語斤切

⿲犭臣犬 司空也从㹜臣聲復説獄司空息茲切 獄 确也从㹜从言二犬所以守也魚欲切

文三

鼠 穴蟲之總名也象形凡鼠之屬皆从鼠 書呂切

⿰鼠番 鼠也从鼠番聲讀若樊或曰鼠婦附袁切 ⿰鼠各 鼠出胡地皮可作裘从鼠各聲下各切 鼢 地行鼠伯勞所作也一曰

偃鼠从鼠分聲芳吻切 蚡 或从虫分 ⿰鼠平 䶈令鼠从鼠平聲薄經切 鼶 鼠也从鼠虒聲息移切 ⿰鼠留 竹鼠也如犬从鼠

留省聲力求切 鼫 五技鼠也能飛不能過屋能緣不能窮木能游不能渡谷能穴不能掩身能走不能先人从鼠石聲常隻切 鼨 豹文鼠也

从鼠冬聲職戎切 ⿰鼠夂 籀文省 ⿰鼠益 鼠屬从鼠益聲於革切 ⿰豸益 或从豸 鼷 小鼠也从鼠奚聲胡雞切

文三

文四

文廿三

鼩 精鼩鼠也从鼠句聲其俱切
鼸 鼢也从鼠兼聲丘檢切
⿰鼠今 鼠屬从鼠今聲讀若含胡男切
鼬 如鼠赤黃而大食鼠者从鼠由聲余救切
⿰鼠勺 胡地風鼠从鼠勺聲之若切
⿰鼠宂 鼠屬从鼠宂聲而隴切
⿰此鼠 鼠从雞鼠尾从鼠此聲即移切
鼲 鼠出丁零胡皮可作裘从鼠軍聲乎昆切
⿰鼠胡 斬⿰鼠胡鼠黑身白腰若帶手有長白毛似握版之狀類蝯蜼之屬从鼠胡聲戶吴切

文二十　重三

能 熊屬足似鹿从肉㠯聲能獸堅中故稱賢能而彊壯稱能傑也凡能之屬皆从能 臣鉉等曰㠯非聲疑皆象形 奴登切

文一

熊 獸似豕山居冬蟄从能炎省聲凡熊之屬皆从熊 羽弓切
羆 如熊黃白文从熊罷省聲彼爲切 ⿰能皮 古文从皮

文二　重一

火 燬也南方之行炎而上象形凡火之屬皆从火 呼果切
炟 上諱 臣鉉等曰漢章帝名也唐韻曰火起也从火旦聲當割切
⿰火尾 火也从火尾聲詩曰王室如⿰火尾許偉切
燬 火也从火毀聲春秋傳曰衞侯燬許偉切
燹 火也从火豩聲穌典切
焌 然火也从火夋聲周禮曰遂龠其焌焌火在前以焞焯龜子寸切又倉聿切
尞 柴祭天也从火从昚昚古文慎字祭天所以慎也力照切
然 燒也从火肰聲臣鉉等曰今俗別作燃蓋後人增加如延切
⿱艸難 或从艸難 臣鉉等案艸部有⿱艸難注云艸也此重出
爇 燒也从火蓺聲春秋傳曰爇僖負羈 臣鉉等曰說文無蓺字當从火从艸熱省聲如劣切
燔 爇也从火番聲附袁切
燒 爇也从火堯聲式昭切
烈 火猛也从火𠛱聲良辥切
炪 火光也从火出聲商書曰予亦炪謀讀若巧拙之拙職悅切
熚 熚㶿火皃从火畢聲卑吉切
㶿 熚㶿也从火𡿺聲𡿺籒文悖字敷勿切
烝 火气上行也从火丞聲煑仍切
烰 烝也从火孚聲詩曰烝之烰烰縛牟切
煦 烝也一曰赤皃一曰溫潤也从火昫聲香句切
熯 乾皃从火漢省聲詩曰我孔熯矣人善切
炥 火皃从火弗聲普活切
熮 火皃从火翏聲逸周書曰味辛而不熮洛蕭切
焛 火皃从火𨵿省

聲讀若粦良刃切㷳火色也从火雁聲讀若鴈五晏切熲火光也从火頃聲古迥切爚火飛也从火龠聲一曰熱也以灼切
熛火飛也从火㶾聲讀若摽甫遙切熇火熱也从火高聲詩曰多將熇熇臣鉉等曰高非聲當从嗃省火屋切烄交木然也从火交聲古巧
切𤆍小熱也从火干聲詩曰憂心𤆍𤆍臣鉉等曰干非聲未詳直廉切燋所以然持火也从火焦聲周禮曰以明火爇燋也即消切炭燒木
餘也从火岸省聲他案切[illegible]束炭也从火差省聲讀若齹楚宜切[illegible]交灼木也从火教省聲讀若狡古巧切炦火气也从火犮聲蒲
撥切灰死火餘㶳也从火从又又手也火既滅可以執持呼恢切炱灰炱煤也从火台聲徒哀切煨盆中火从火畏聲烏灰切
熄畜火也从火息聲亦曰滅火相即切烓行竈也从火圭聲讀若冋口迥切煁烓也从火甚聲氏任切燀炊也从火單聲
春秋傳曰燀之以薪充善切炊爨也从火吹省聲昌垂切烘尞也从火共聲詩曰卬烘于煁呼東切[illegible]炊餔疾也从火齊聲在詣
切熹炙也从火喜聲許其切煎熬也从火前聲子仙切熬乾煎也从火敖聲五牢切𪌉熬或从麥炮
毛炙肉也从火包聲薄交切[illegible]炮肉以微火溫肉也从火衣聲烏痕切熷置魚筩中炙也从火曾聲作滕切煏以乾火肉从火
稫聲臣鉉等案說文無稫字當
从𥢽省疑傳寫之誤符逼切[illegible]籀文不省爆灼也从火暴聲蒲木切臣鉉等曰今俗音豹火裂煬

炙燥也从火易聲余亮切[illegible]灼也从火隺聲胡沃切爤孰也从火蘭聲郎旰切燗或从閒爢爛也从火靡聲靡爲切
尉从上案下也从𡰥又持火以尉申繒也臣鉉等曰今俗別作熨非是於胃切[illegible]灼龜不兆也从火从龜春秋傳曰龜[illegible]不兆讀若焦即消切
灸灼也从火久聲舉友切灼炙也从火勺聲之若切煉鑠冶金也从火柬聲郎電切燭庭燎火燭也从火蜀
聲之欲切熜然麻蒸也从火悤聲作孔切灺燭㶳也从火也聲徐野切㶳火餘也从火聿聲一曰薪也臣鉉等曰聿非是疑
从𦘔省今俗別作燼非是徐刃切焠堅刀刃也从火卒聲七內切煣屈申木也从火柔柔亦聲人久切燓燒田也从火棥
棥亦聲附袁切燫火煣車網絕也从火兼聲周禮曰煣牙外不嫌力鹽切燎放火也从火尞聲力小切[illegible]火飛也从
火[illegible]與䙴同意方昭切[illegible]焦也从火曹聲作曹切[illegible]火所傷也从火雥聲即消切焦或省烖天火
曰烖从火𢦏聲祖才切灾或从宀火[illegible]古文从才災籀文从𢀙煙火气也从火垔聲烏前切烟
或从因[illegible]古文[illegible]籀文从宀焆焆焆煙皃从火肙聲因悅切熅鬱煙也从火𥁕聲於云切[illegible]
望火皃从火皀聲讀若馰顙之馰都歷切燂火熱也从火覃聲大甘切又徐鹽切焞明也从火𦎧聲春秋傳曰焞燿天地他昆切

炳 明也从火丙聲兵永切 焯 明也从火卓聲周書曰焯見三有俊心之若切 照 明也从火昭聲之少切 煒 盛赤也从火韋聲詩曰彤管有煒于鬼切 ⿰火多 盛火也从火从多昌氏切 熠 盛光也从火習聲詩曰熠熠宵行羊入切 煜 熠也从火昱聲余六切 燿 照也从火翟聲弋笑切 煇 光也从火軍聲況韋切 煌 煌煇也从火皇聲胡光切 焜 煌也从火昆聲孤本切 炯 光也从火同聲古迥切 爗 盛也从火𠦪聲詩曰爗爗震電筠輒切 爓 火門也从火閻聲余廉切 炫 燿燿也从火玄聲胡畎切 光 明也从火在人上光明意也古皇切 炗 古文 灮 古文 熱 溫也从火埶聲如列切 熾 盛也从火戠聲昌志切 㦃 古文熾 燠 熱在中也从火奥聲烏到切 煖 溫也从火爰聲況袁切 煗 溫也从火耎聲乃管切 炅 見也从火日古迥切 炕 乾也从火亢聲苦浪切 燥 乾也从火喿聲穌到切 威 滅也从火戌火死於戌陽氣至戌而盡詩曰赫赫宗周褒似威之許劣切 焅 旱气也从火告聲苦沃切 燾 溥覆照也从火壽聲徒到切 爟 取火於日官名舉火曰爟周禮曰司爟掌行火之政令从火雚聲古玩切 烜 或从亘 熢 燧候表也邊有警則舉火从火逢聲敷容切 爝 苣火祓也从火爵聲呂不韋曰湯得伊尹爝以爟火釁以犧豭子肖切 熭 暴乾火也从火彗聲于歲切 熙 燥也从火巸聲許其切

文一百一十二 重十五

爞 旱气也从火蟲聲直弓切 煽 熾盛也从火扇聲式戰切 烙 灼也从火各聲盧各切 爍 灼爍光也从火樂聲書藥切 燦 燦爛明瀞皃从火粲聲倉案切 煥 火光也从火奐聲呼貫切

文六 新附

炎 火光上也从重火凡炎之屬皆从炎于廉切

燄 火行微燄燄也从炎臽聲以冄切 㷊 火光也从炎舌聲臣鉉等曰舌非聲當从甛省以冄切 ⿱炎㐭 侵火也从炎㐭聲讀若桑葚之葚力荏切 ⿰炎占 火行也从炎占聲舒贍切 燅 於湯中爚肉从炎从熱省徐鹽切 ⿰尋炙 或从炙 燮 大孰也从又持炎辛辛者物孰味也蘇俠切 粦 兵死及牛馬之血為粦粦鬼火也从炎舛良刃切徐鍇曰案博物志戰鬭死亡之處有人馬血積年為粦著地入艸木如霜露不可見有觸者著人體後有光拂拭即散無數又有吒聲如鬻豆舛者人足也言光行著人

文八 重一

黑 火所熏之色也从炎上出四四古窻字凡黑之屬皆从黑呼北切

黑 火所熏之色也从炎上出㕚㕚古窻字凡黑之屬皆从黑 [illegible]

[illegible]

文八 重一

[illegible]

炎 火光上也从重火凡炎之屬皆从炎 于廉切

[illegible]

文二

[illegible]

文三百二十三 重十五

[illegible]

黸 齊謂黑爲黸从黑盧聲洛乎切 ⿰黑會 沃黑色从黑會聲惡外切 黯 深黑也从黑音聲乙減切 黶 中黑也从黑厭聲於琰切

黳 小黑子从黑殹聲烏雞切 䵣 白而有黑也从黑旦聲五原有莫䵣縣當割切 黬 雖晳而黑也从黑箴聲古人名黬字晳古咸切

䵘 赤黑也从黑昜聲讀若煬餘亮切 黲 淺青黑也从黑參聲七感切 黤 青黑也从黑奄聲於檻切

黝 微青黑色从黑幼聲爾雅曰地謂之黝於糾切 黗 黃濁黑从黑屯聲他袞切 點 小黑也从黑占聲多忝切

黚 淺黃黑也从黑甘聲讀若染繒中束緅黚巨淹切 ⿰黑金 黃黑也从黑金聲古咸切 ⿰黑冤 黑有文也从黑冤聲讀若飴盌字於月切

⿰黑算 黃黑而白也从黑算聲一曰短黑讀若以芥爲齏名曰芥荃也初刮切 ⿰黑幵 黑皴也从黑幵聲古典切 黠 堅黑也从黑吉聲胡八切

黔 黎也从黑今聲秦謂民爲黔首謂黑色也周謂之黎民易曰爲黔喙巨淹切 黕 滓垢也从黑冘聲都感切 黨 不鮮也从黑尚聲多朗切

黷 握持垢也从黑賣聲易曰再三黷徒谷切 黵 大汙也从黑詹聲當敢切 黴 中久雨青黑从黑微省聲武悲切

黜 貶下也从黑出聲丑律切 䵒 䵒黑姍下哂从黑般聲薄盛切 黱 畫眉也从黑朕聲徒耐切 儵 青黑繒縫白色也从黑攸聲式竹切

黓 羔裘之縫从黑或聲于逼切 ⿰黑殿 䵝謂之垽垽滓也从黑殿省聲堂練切 黮 桑葚之黑也从黑甚聲他感切

黭 果實黭黯黑也从黑弇聲烏感切 黥 墨刑在面也从黑京聲渠京切 剠 黥或从刀 ⿰黑敢 黝者忘而息也从黑敢聲於檻切

黟 黑木也从黑多聲丹陽有黟縣烏雞切

文三十七 重一

說文解字第十上

說文解字弟十下　漢太尉祭酒許慎記

銀青光祿大夫守右散騎常侍上柱國東海縣開國子食邑五百戶臣徐鉉等奉

勑校定

囪　在牆曰牖在屋曰囪象形凡囪之屬皆从囪　楚江切

窗　或从穴　⿴　古文　悤　多遽悤悤也从心囪囪亦聲倉紅切

文二　重二

焱　火華也从三火凡焱之屬皆从焱　以冉切

熒　屋下燈燭之光从焱冂戶扃切　燊　盛皃从焱在木上讀若詩莘莘征夫一曰役也所臻切

文三

炙　炮肉也从肉在火上凡炙之屬皆从炙　之石切

䊩　籒文　䊩　宗廟火孰肉从炙番聲春秋傳曰天子有事䊩焉以饋同姓諸侯附袁切　爒　炙也从炙尞聲讀若龜燎力照切

文三　重一

赤　南方色也从大从火凡赤之屬皆从赤　昌石切

𤆍　古文从炎土　赨　赤色也从赤蟲省聲徒冬切　䞘　日出之赤从赤㱿省聲火沃切　赧　面慙赤也从赤𠬝聲周失天下於赧王女版切

䞓　赤色也从赤巠聲詩曰魴魚䞓尾敕貞切　赬　䞓或从貞　𧹈　或从丁　浾　棠棗之汁或从水

泟　浾或从正　赭　赤土也从赤者聲之也切　𧹞　赤色也从赤倝聲讀若浣胡玩切　赫　火赤皃从二赤呼格切

文八　重五

赩　大赤也从赤色色亦聲許力切　赮　赤色也从赤叚聲乎加切

文二　新附

大　天大地大人亦大故大象人形古文大也　他達切

凡大之屬皆从大　徒蓋切

奎　兩髀之間从大圭聲苦圭切　夾　持也从大俠二人古狎切　奄　覆也大有餘也又欠也从大从申申展也依檢切　夸　奢也从大于聲苦瓜切　𡘋　奢𡘋也从大亘聲胡官切　𡗝　窊大也从大瓜聲烏瓜切　奯　空大也从大歲聲讀若詩施

[illegible]

大 天大地大人亦大故大象人形 [illegible]

文[illegible]

[illegible]

文[illegible]

[illegible]

文[illegible]

[illegible]

文[illegible]　重[illegible]

[illegible]

說文解字弟十下　[illegible]徐鉉[illegible]

罛濊濊呼括切

⿱大𢦔 大也从大𢦔聲讀若詩𢦔𢦔大猷直質切

奅 大也从大卯聲匹貌切

夽 大也从大云聲魚吻切

奃 大也从大氐聲讀若氐都兮切

⿱大介 大也从大介聲讀若蓋古拜切

⿱大此 瞋大也从大此聲火戒切

⿱大弗 大也从大弗聲讀若予違汝弼房密切

⿱大屯 大也从大屯聲讀若鶉常倫切

契 大約也从大从㓞易曰後代聖人易之以書契苦計切

夷 平也从大从弓東方之人也以脂切

文十八

亦 人之臂亦也从大象兩亦之形凡亦之屬皆从亦 臣鉉等曰今別作腋非是羊益切

夾 盜竊褱物也从亦有所持俗謂蔽人俾夾是也弘農陝字从此失冉切

文二

矢 傾頭也从大象形凡矢之屬皆从矢 阻力切

⿰吉矢 頭傾也从矢吉聲讀若子古屑切

⿰圭矢 頭衺骫⿰圭矢態也从矢圭聲胡結切

吳 姓也亦郡也一曰吳大言也从矢口五乎切徐鍇曰大言故矢口以出聲詩曰不吳不揚今寫詩者改吳作吴又音乎化切其謬甚矣

𡗿 古文如此

文四 重一

夭 屈也从大象形凡夭之屬皆从夭 於兆切

喬 高而曲也从夭从高省詩曰南有喬木巨嬌切

幸 吉而免凶也从屰从夭夭死之事故死謂之不幸胡耿切

奔 走也从夭賁省聲與走同意俱从夭博昆切

文四

交 交脛也从大象交形凡交之屬皆从交 古爻切

⿰交韋 衺也从交韋聲羽非切

絞 縊也从交从糸古巧切

文三

尢 彼曲脛也从大象偏曲之形凡尢之屬皆从尢 烏光切

⿺尢㞷 古文从㞷

尳 厀病也从尢从骨骨亦聲戶骨切

⿺尢皮 蹇也从尢皮聲布火切

⿺尢左 ⿺尢左⿺尢左行不正从尢左聲則箇切

⿺尢艮 行不正也从尢艮聲讀若燿弋笑切

尲 不正也从尢兼聲古咸切

尬 尲尬也从尢介聲公八切又古拜切

尥 行脛相交也从尢勺聲牛行脚相交為尥力弔切

⿺尢⿱爪是 彼不能行為人所引曰𡰪𡯨从尢从爪是聲都兮切

⿺尢⿱爪巂 𡰪𡯨也从尢从爪巂聲戶圭切

⿺尢于 股尥也从尢于聲乙于切

⿺尢羸 厀中病也从尢从羸郎果切

文十二 重一

[illegible] 文十一 [illegible]

[illegible]

[illegible] 文三

[illegible]

[illegible] 文 [illegible]

[illegible] 文十八

[illegible]

壺　昆吾圜器也象形从大象其蓋也凡壺之屬皆从壺　戶吳切

壼　壹壼也从凶从壺不得泄凶也易曰天地壹壼　於云切

文二

壹　專壹也从壺吉聲凡壹之屬皆从壹　於悉切

懿　專久而美也从壹从恣省聲　乙冀切

文二

㚔　所以驚人也从大从羊一曰大聲也凡㚔之屬皆从㚔一曰讀若瓠一曰俗語以盜不止爲㚔㚔讀若籋　尼輒切

睪　司視也从横目从㚔令吏將目捕罪人也　羊益切

執　捕罪人也从丮从㚔㚔亦聲　之入切

圉　囹圄所以拘罪人从㚔从口一曰圉垂也一曰圉人掌馬者　魚舉切

盩　引擊也从㚔攴見血也扶風有盩厔縣　張流切

報　當罪人也从㚔从𠬝𠬝服罪也　博耗切

鞫　窮理罪人也从㚔从人从言竹聲　居六切

𥷚　或省言

文七　重一

奢　張也从大者聲凡奢之屬皆从奢　式車切

奓　籀文　臣鉉等曰今俗作陟加切以爲蓼厚之蓼非是

奲　富奲奲皃从奢單聲　丁可切

文二　重一

亢　人頸也从大省象頸脈形凡亢之屬皆从亢　古郎切

頏　亢或从頁

𡕥　直項莽𡕥皃从亢从夋夋倨也亢亦聲　岡朗切又胡朗切

文二　重一

夲　進趣也从大从十大十猶兼十人也凡夲之屬皆从夲讀若滔　土刀切

𠦬　疾也从夲卉聲拜从此　呼骨切

𣌭　疾有所趣也从日出夲廾之　薄報切

𡴘　進也从夲从屮允聲易曰𡴘升大吉　余準切

奏　奏進也从夲从𠬞从屮屮上進之義　則候切

𡙁　古文

𡘲　亦古文

皋　气皋白之進也从夲从白禮

[illegible]

大[illegible]車[illegible]

[illegible]

祖曰皋登謌曰奏故皋奏皆从夲周禮曰詔來鼓皋舞皋告之也古勞切

文六　重二

□放也从大而八分也凡夰之屬皆从夰古老切

□舉目驚䀠然也从夰从䀠䀠亦聲九遇切　□嫚也从𦣻从夰夰亦聲虞書曰若丹朱奡讀若傲論語奡湯舟五到切　□

春爲昦天元气昦昦从日夰夰亦聲胡老切　□驚走也一曰往來也从夰臦周書曰伯臩古文臦古文囧字臣鉉等曰臦居況切臦猶乖也臦

亦聲言古囧字未詳具往切

文五

□籀文大改古文亦象人形凡大之屬皆从大他蓋切

□大也从大亦聲詩曰奕奕梁山羊益切　□駔大也从大从壯壯亦聲徂朗切　□大白澤也从大从白古文以爲澤字古老切

□大腹也从大𦃃省聲𦃃籀文系字胡雞切　□稍前大也从大而聲讀若畏偄而沇切　□大皃从大𧖅聲或曰拳勇字一曰讀

若傿乙獻切　□壯大也从三大三目二目爲𧖅三目爲奰益大也一曰迫也讀若易虙羲氏詩曰不醉而怒謂之奰平祕切

文八

□丈夫也从大一一以象簪也周制以八寸爲尺十

尺爲丈人長八尺故曰丈夫凡夫之屬皆从夫甫無切

□有法度也从夫从見居隨切　□並行也从二夫輦字从此讀若伴侶之伴薄旱切

文三

□住也从大立一之上臣鉉等曰大人也一地也會意凡立之屬皆从立力入切

□臨也从立从隶力至切　□磊𡎺重聚也从立𦎧聲丁罪切　□直也从立耑聲多官切　□等也从立尃聲春秋傳

曰竱本肇末旨兖切　□敬也从立从束束曰申束也息拱切　□亭安也从立爭聲疾郢切　□立竫也从立青聲一曰細皃疾郢切

□待也从立矣聲牀史切　□或从已　□健也一曰匠也从立句聲讀若齲逸周書有竘匠丘羽切　□不正也从立𠭥聲火

鼃切　□負舉也从立曷聲渠列切　□待也从立須聲相俞切　□或从芻聲　□痿也从立羸聲力臥切

□偓竣也从立夋聲國語曰有司已事而竣七倫切　□見鬼魅皃从立从彔彔籀文魅字讀若虙羲氏之虙房六切　□

驚皃从立昔聲七雀切　□短人立碑碑皃从立卑聲傷下切　□北地高樓無屋者从立曾聲七耕切

文十九　重二

[illegible]

文十九　重二

[illegible]

竝 併也从二立凡竝之屬皆从竝 蒲迥切

暜 廢一偏下也从竝白聲 他計切 㬱 暜或从曰 替 或从兟从曰 臣鉉等曰今俗作替非是 文二 重二

囟 頭會匘蓋也象形凡囟之屬皆从囟 息進切 膟 或从肉宰 𠙴 古文囟字 巤 毛巤也象髮在囟上及毛髮巤巤之形此與籒文子字同 良涉切 毗 人臍也从囟囟取气通也从比聲 房脂切

文三 重二

思 容也从心囟聲凡思之屬皆从思 息茲切

慮 謀思也从思虍聲 良據切

文二

心 人心土藏在身之中象形博士說以為火藏 凡心之屬皆从心 息林切

息 喘也从心从自自亦聲 相即切 情 人之陰气有欲者从心青聲 疾盈切 性 人之陽气性善者也从心生聲 息正切

志 意也从心之聲 職吏切 意 志也从心察言而知意也从心从音 於記切 恉 意也从心旨聲 職雉切 惪 外得於人內得於己也从直从心 多則切 悳 古文

應 當也从心䧹聲 於陵切 慎 謹也从心眞聲 時刃切 昚 古文

忠 敬也从心中聲 陟弓切 愨 謹也从心㱿聲 苦角切 𢡱 美也从心貇聲 莫角切 快 喜也从心夬聲 苦夬切

愷 樂也从心豈聲 臣鉉等曰豈部已有此重出 苦亥切 㥦 快也从心匧聲 苦叶切 念 常思也从心今聲 奴店切 怤 思也从心付聲 甫無切

憲 敏也从心从目害省聲 許建切 憕 平也从心登聲 直陵切 戁 敬也从心難聲 女版切 忻 闓也从心斤聲 司馬法曰善者忻民之善閉民之惡 許斤切

㣫 遲也从心重聲 直隴切 惲 重厚也从心軍聲 於粉切 惇 厚也从心享聲 都昆切 忼 慨也从心亢聲一曰易忼龍有悔 臣鉉等曰今俗別作慷非是 苦浪切又口朗切 慨 忼慨壯士不得志也从心既聲 古溉切

悃 愊也从心困聲 苦本切 愊 誠志也从心畐聲 芳逼切 愿 謹也从心原聲 魚怨切 慧 儇也从心彗聲 胡桂切

憭 慧也从心尞聲 力小切 恔 憭也从心交聲 下交切又古了切 瘱 靜也从心㾜聲 臣鉉等曰㾜非聲未詳 於計切

悊 敬也从心折聲 陟列切 悰 樂也从心宗聲 藏宗切 恬 安也从心甛省聲 徒兼切 恢

文二

文二　重一

大也从心灰聲苦回切
恭　肅也从心共聲俱容切
憼　敬也从心从敬敬亦聲居影切
恕　仁也从心如聲商署切
㣽　古文省
怡　和也从心台聲與之切
慈　愛也从心茲聲疾之切
忯　愛也从心氏聲巨支切
⿰忄虒　忯⿰忄虒不憂事也从心虒聲讀若移移尔切
恮　謹也从心全聲此緣切
恩　惠也从心因聲烏痕切
慸　高也一曰極也一曰困劣也从心帶聲特計切
憖　問也謹敬也从心猌聲一曰說也一曰甘也春秋傳曰昊天不憖又曰兩君之士皆未憖魚覲切
懬　闊也一曰廣也大也一曰寬也从心从廣廣亦聲苦謗切
悈　飾也从心戒聲司馬法曰有虞氏悈於中國古拜切
㥯　謹也从心𤔌聲於靳切
慶　行賀人也从心从夊吉禮以鹿皮爲贄故从鹿省丘竟切
愃　寬嫺心腹皃从心宣聲詩曰赫兮愃兮況晚切
愻　順也从心孫聲唐書曰五品不愻蘇困切
⿳宀𡗜心　實也从心塞省聲虞書曰剛而塞先則切
恂　信心也从心旬聲相倫切
忱　誠也从心冘聲詩曰天命匪忱氏任切
惟　凡思也从心隹聲以追切
懷　念思也从心褱聲戶乖切
惀　欲知之皃从心侖聲盧昆切
想　冀思也从心相聲息兩切
⿰忄㒸　深也从心㒸聲徐醉切
慉　起也从心畜聲詩曰能不我慉許六切
𢡃　備也从心啻聲一曰十萬曰𢡃於力切
𢡃　籀文省
悹　憂也从心官聲古玩切
憀　憀然也从心翏聲洛蕭切
愙　敬也从心客聲春秋傳曰以陳備三愙臣鉉等曰今俗作恪苦各切
愯　懼也从心雙省聲春秋傳曰駟氏愯息拱切
懼　恐也从心瞿聲其遇切
⿱䀠心　古文
怙　恃也从心古聲侯古切
恃　賴也从心寺聲時止切
慒　慮也从心曹聲藏宗切
悟　覺也从心吾聲五故切
𢖶　古文悟
憮　愛也韓鄭曰憮一曰不動从心無聲文甫切
㤅　惠也从心旡聲烏代切
炁　古文
⿰忄胥　知也从心胥聲私呂切
慰　安也从心尉聲一曰恚怒也於胃切
⿱叔心　謹也从心𣪊聲讀若毳此芮切
⿱籌心　⿱籌心箸也从心籌聲直由切
怞　朗也从心由聲詩曰憂心且怞直又切
⿰忄某　憮也从心某聲讀若侮亡甫切
忞　彊也从心文聲周書曰在受德忞讀若旻武巾切
慔　勉也从心莫聲莫故切
愐　勉也从心面聲弥殄切
怈　習也从心曳聲余制切
懋　勉也从心楙聲虞書曰時惟懋哉莫候切
⿱矛心　或省
慕　習也从心莫聲莫故切
悛　止也从心夋聲此緣切
⿰忄隶　肆也从心隶聲他骨切
懙　趣步懙懙也从心與聲余呂切
慆　說也从心舀聲土刀切
懕　安也从心厭聲詩曰懕懕夜飲於鹽切
憺　安也从心詹聲徒敢切
怕　無爲也从心白聲匹白切又葩亞切
恤　憂也收也从心血聲辛聿切
忓　極也从心干聲古寒切
懽　喜款也从心雚聲爾雅曰懽懽愮愮憂無告也古玩切
㥔　懽也琅邪朱虛有㥔亭从心禺聲噳俱切

惄 飢餓也一曰憂也从心叔聲詩曰惄如朝飢奴歷切
㥛 勞也从心卻聲其虐切
憸 憸詖也憸利於上佞人也从心僉聲息廉切
愒 息也从心曷聲臣鉉等曰今別作憩非是去例切
⿰忄毳 精戇也从心毳聲千短切
𢙢 疾利口也从心从冊詩曰相時𢙢民徐鍇曰冊言衆也息廉切
急 褊也从心及聲居立切
⿰忄辡 憂也从心辡聲一曰急也方沔切
⿱亟心 疾也从心亟聲一曰謹重皃己力切
懁 急也从心瞏聲讀若絹古縣切
⿰忄巠 恨也从心巠聲胡頂切
⿱弦心 急也从心从弦弦亦聲河南密縣有⿱弦心亭胡田切
慓 疾也从心票聲敷沼切
懦 駑弱者也从心需聲人朱切
恁 下齎也从心任聲如甚切
忒 更也从心弋聲他得切
怚 驕也从心且聲子去切
悒 不安也从心邑聲於汲切
悆 忘也嘾也从心余聲周書曰有疾不悆悆喜也羊茹切
憪 愉也从心閒聲戶閒切
愉 薄也从心俞聲論語曰私覿愉愉如也羊朱切
懱 輕易也从心蔑聲商書曰以相陵懱莫結切
愚 戇也从心从禺禺猴屬獸之愚者麌俱切
戇 愚也从心贛聲陟絳切
⿰忄采 姦也从心采聲倉宰切
惷 愚也从心舂聲丑江切
懝 騃也从心从疑疑亦聲一曰惶也五溉切
忮 很也从心支聲之義切
悍 勇也从心旱聲侯旰切
態 意也从心从能徐鍇曰心能其事然後有態度也他代切
⿰亻態 或从人
怪 異也从心圣聲古壞切
⿰忄象 放也从心象聲徒朗切
慢 惰也从心曼聲一曰慢不畏也謀晏切
怠 慢也从心台聲徒亥切
懈 怠也从心解聲古隘切
憜 不敬也从心𡐦省春秋傳曰執玉憜徒果切
惰 憜或省𨸏
⿰忄𡍮 古文
慫 驚也从心從聲讀若悚息拱切
怫 鬱也从心弗聲符弗切
⿱介心 忿也从心介聲孟子曰孝子之心不若是⿱介心呼介切
忽 忘也从心勿聲呼骨切
忘 不識也从心从亡亡亦聲武方切
⿰忄㒼 忘也㒼兜也从心㒼聲母官切
恣 縱也从心次聲資四切
愓 放也从心易聲一曰平也徒朗切
憧 意不定也从心童聲尺容切
悝 啁也从心里聲春秋傳有孔悝一曰病也苦回切
憰 權詐也从心矞聲古穴切
⿱狂心 誤也从心狂省聲居況切
怳 狂之皃从心況省聲許往切
恑 變也从心危聲過委切
⿰忄巂 有二心也从心巂聲戶圭切
悸 心動也从心季聲其季切
憿 幸也从心敫聲古堯切
懖 善自用之意也从心銛聲商書曰今汝懖懖古活切
⿱昏耳 古文从耳
忨 貪也从心元聲春秋傳曰忨歲而潵日五換切
惏 河內之北謂貪曰惏从心林聲盧含切
懜 不明也从心夢聲武亘切
愆 過也从心衍聲去虔切
⿱寒心 或从寒省
諐 籀文
慊 疑也从心兼聲戶兼切
惑 亂也从心或聲胡國切
怋 怓也从心民聲呼昆切
怓 亂也从心奴聲詩曰

[illegible]

以謹惛怓女交切 惷 亂也从心春聲春秋傳曰王室曰惷惷焉一曰厚也尺允切 惛 不憭也从心昏聲呼昆切 忥 癡皃从心
气聲許既切 □ 言不慧也从心衛聲于歲切 憒 亂也从心貴聲胡對切 忌 憎惡也从心己聲渠記切 忿
悁也从心分聲敷粉切 悁 忿也从心肙聲一曰憂也於緣切 □ 籀文 □ 恨也从心黎聲一曰息也郎尸切 恚
恨也从心圭聲於避切 怨 恚也从心夗聲於願切 □ 古文 怒 恚也从心奴聲乃故切 憝 怨也从心敦聲周書
曰凡民罔不憝徒對切 慍 怒也从心昷聲於問切 惡 過也从心亞聲烏各切 憎 惡也从心曾聲作滕切 怖
恨怒也从心巿聲詩曰視我怖怖蒲昧切 □ 怒也从心刀聲讀若顡李陽冰曰刀非聲當从刈省魚既切 □ 怨恨也从心彖聲讀若
膎臣鉉等曰彖非聲未詳戶佳切 恨 怨也从心艮聲胡艮切 懟 怨也从心對聲丈淚切 悔 悔恨也从心每聲荒內切
□ 小怒也从心壴聲充世切 怏 不服懟也从心央聲於亮切 懣 煩也从心从滿莫困切 憤 懣也从心賁聲房
吻切 悶 懣也从心門聲莫困切 惆 失意也从心周聲敕鳩切 悵 望恨也从心長聲丑亮切 愾 大息也从心从氣氣
亦聲詩曰愾我寤歎許既切 懆 愁不安也从心喿聲詩曰念子懆懆七早切 愴 傷也从心倉聲初亮切 怛 憯也从心

旦聲得案切又當割切 □ 或从心在旦下詩曰信誓□□ 憯 痛也从心朁聲七感切 慘 毒也从心參聲七感切
悽 痛也从心妻聲七稽切 恫 痛也一曰呻吟也从心同聲他紅切 悲 痛也从心非聲府眉切 惻 痛也从心
則聲初力切 惜 痛也从心昔聲思積切 愍 痛也从心敃聲眉殞切 慇 痛也从心殷聲於巾切 □ 痛聲也从
心依聲孝經曰哭不偯於豈切 □ 蕳存也从心簡省聲讀若簡古限切 慅 動也从心蚤聲一曰起也穌遭切 感 動人
心也从心咸聲古禫切 忧 不動也从心尤聲讀若祐于救切 㤹 怨仇也从心咎聲其久切 愪 憂皃从心員聲王分切 □
憂皃从心幼聲於虯切 忦 憂也从心介聲五介切 恙 憂也从心羊聲余亮切 惴 憂懼也从心耑聲詩曰惴惴其慄之瑞切
□ 憂也从心侖聲常倫切 怲 憂也从心丙聲詩曰憂心怲怲兵永切 惔 憂也从心炎聲詩曰憂心如惔徒甘切
惙 憂也从心叕聲詩曰憂心惙惙一曰意不定也陟劣切 慯 憂也从心殤省聲式亮切 愁 憂也从心秋聲士尤切
□ 憂皃从心弱聲讀與惄同奴歷切 □ 憂困也从心臽聲苦感切 悠 憂也从心攸聲以周切 悴 憂也
从心卒聲讀與易萃卦同秦醉切 慁 憂也从心圂聲一曰擾也胡困切 □ 楚潁之間謂憂曰□从心□聲力至切 □

[illegible]

憂也从心于聲讀若吁況于切
忡　憂也从心中聲詩曰憂心忡忡敕中切
悄　憂也从心肖聲詩曰憂心悄悄親小切
慽　憂也从心戚聲倉歷切
𢝊　愁也从心从頁徐鍇曰惪形於顏面故从頁於求切
患　憂也从心上貫吅吅亦聲胡丱切
𢝙　古文从關省
𢚘　亦古文患
恇　怯也从心匡匡亦聲去王切
㥦　思皃从心夾聲苦叶切
懾　失气也从心聶聲一曰服也之涉切
憚　忌難也从心單聲一曰難也徒案切
悼　懼也陳楚謂懼曰悼从心卓聲臣鉉等曰卓非聲當从罩省徒到切
恐　懼也从心巩聲丘隴切
志　古文
慴　懼也从心習聲讀若疊之涉切
怵　恐也从心朮聲丑律切
惕　敬也从心易聲他歷切
悐　或从狄
㤨　戰慄也从心共聲戶工切又工恐切
㤥　苦也从心亥聲胡槩切
惶　恐也从心皇聲胡光切
悑　惶也从心甫聲普故切
怖　或从布聲
慹　悑也从心執聲之入切
𢡃　悑也从心毄聲苦計切
𢞊　㦬也从心葡聲蒲拜切
𢟪　或从广
惎　毒也从心其聲周書曰來就惎惎渠記切
恥　辱也从心耳聲敕里切
㥏　青徐謂慙曰㥏从心典聲他典切
忝　辱也从心天聲他點切
慙　媿也从心斬聲昨甘切
恧　慙也从心而聲女六切
怍　慙也从心作省聲在各切
憐　哀也从心粦聲落賢切
𢡟　泣下也从心連聲易曰泣涕𢡟如力延切
忍　能也从心刃聲而軫切
㥝　厲也一曰止也从心弭聲讀若沔彌兖切
㣻　懲也从心乂聲魚肺切
懲　㣻也从心徵聲直陵切
憬　覺寤也从心景聲詩曰憬彼淮夷俱永切

文二百六十三　重二十二

慵　嬾也从心庸聲蜀容切
悱　口悱悱也从心非聲敷尾切
怩　忸怩慙也从心尼聲女夷切
惉　惉懘煩聲也从心沾聲尺詹切
懘　惉懘也从心滯聲尺制切
懇　悃也从心貇聲康恨切
忖　度也从心寸聲倉本切
怊　悲也从心召聲敕宵切
慟　大哭也从心動聲徒弄切
惹　亂也从心若聲人者切
恰　用心也从心合聲苦狹切
悌　善兄弟也从心弟聲經典通用弟特計切
懌　說也从心睪聲經典通用釋羊益切

文十三　新附

惢　心疑也从三心凡惢之屬皆从惢讀若易旅瑣瑣
繠　垂也从惢糸聲如壘切又才規才累二切

文二

說文解字弟十下

說文解字弟十三

[illegible]